학교 없는 교육

(학교 밖 교육의 가능성과 그 방식을 말하다)

학교 없는 교육

박순석 지음

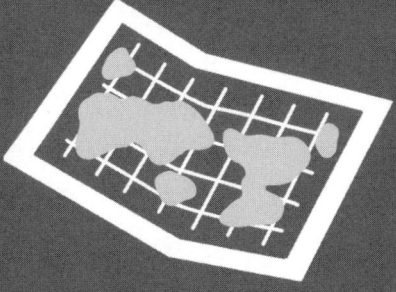

해피북미디어

(머리말)
학교 없는 교육

　학교가 교육적이지 못할 때, 학교 없는 교육을 상상하자. 누군가는 그 상상을 이미 실천하고 있다. 사회학자이자 만 12세 청소년의 아빠인 나는 그들 중 하나이다. 이들은 각자의 삶에서 어떤 앎에 도달하여 남들과는 다른 교육을 실천하기에 이르렀고, 나는 그 실천을 다시 개념적이고 체계적인 앎의 산물로 만들었다. 그 결과물인 이 책을 이제 우리 사회의 지적인 독자들 앞에 내놓는다. 학교 없는 교육이라는 소수의 상상과 실천이 우리 사회에서 더 많은 현실이 되는 데 보탬이 되길 희망하기 때문이다.

　나는 꿈을 꾼다. 어른들이 아이들을 불필요한 고통 속으로 밀어 넣는 것이 아니라, 초등 및 중등 교육 단계에서부터 아이들 하나하나의 재능을 키우고 가능성을 찾아가도록 도와주는 그런 사회를. 사실 그런 꿈을 꾼 사람들은 우리 사회에 적지 않았다. 교육의 혁신은 최소한 90년대부터 시작되었고 지금도 진행 중이다. 그런데, 주류 사회는 왜 아직도 지금과 같은 교육을 하고 있을까? 나는 현재 교육의 모습에 대한 비판보다는 하나의 대안을 구체적으로 보여드리고 싶다. 그런 사회로 향하는 길은 분명히 있기 때문이다. 학교를 빼놓고 하는 교육을 구체적으로 들여다보면 학교가 어떻게 달라져야 하는지를 다시 그려볼 수 있다. 공교육을 조금만 언스쿨링unschooling으로 바꾸면 된다. 그것이 더 확산되어야 할 미래교육의 비전이라고 나는 믿는다.

1939년생인 나의 아버지는 초등학교 5학년을 다 마치지 못했고, 1947년생인 어머니는 학교 교육을 전혀 받지 못했다. 공교육의 혜택을 받지 못한 그 가난한 부모가 자리 잡은 한 시골 마을에서 나는 1982년 2월, 4남매의 막내로 태어났다. 집에서 가장 먼저 4년제 대학에 들어갔던 나는 사회학 박사를 마쳤고, 아내는 영문학 석사를 받았다.

미국에서 태어난 2012년생 아들은 유치원을 마친 후 현재까지 학교 교육을 받지 않고 있다. 이런 삶을 살다 보니 더 큰 확신을 갖게 되었다. 학교school와 교육education이란 겹치는 부분이 많지만 분명히 다른 현상이다. 심지어 학교식 교육schooling과 교육education도 다르다. 하지만 이 두 가지 논점은 부연 설명이 많이 필요한 주장들이고 나는 지금 조금 앞서 나가고 있다.

본론으로 들어가기 전, 나와 나의 가정 이야기를 조금 더 하겠다. 가난한 지역 가난한 가정에서 자란 나에게 공교육이 없었다면 내가 학자가 될 일은 아마도 없었을 것이다. 물론 초중고 12년 동안 나에게도 학교는 '가야 하니까 가는 곳'에 가까웠다. 성적은 좋았지만 수업 중에 공상하는 경우가 많았고, 추억도 많지만 안 좋은 기억도 많이 생겼다. 그러나 집에는 책이 거의 없어서 교과서 받는 날을 좋아했으며, 아버지의 관심은 받으려는 생각도 안 했지만 선생님의 관심을 받는 것은 비교적 쉬운 일이었다. 여전히 책이 적고, 부모의 관심이 적고, 개인 컴퓨터가 없고, 무선 인터넷 연결이 안 되는 가정이 있다. 주말에도 서점이나 과학관에 가지 않는 가정도 있다. 누군가에게는 여전히 공교육이 배우고 성장할 수 있는 거의 유일한 장이다. 그래서 더 공교육을 바꾸어야 한다. 학교가 지금보다 더 교육적인 곳이 되어야 한다.

나의 아들이 언스쿨링이라는 교육방법으로 불필요한 스트레스 없이 잘 성장하고 있는 모습을 보면 뿌듯하지만, 나는 언스쿨링이 공교육을 대체할 것이라고 보지도 않고 그럴 필요도 없다고 생각한다. 학교는 필요하다. 다만 혁명적인 변화가 필요하다. 그 변화의 핵심에 '개별화individualization'가 있다. 개별화를 이야기할 때 우리는 핀란드의 공교육 시스템을 자주 언급한다. 핀란드는 분명 참고할 수 있는 하나의 모델이지만, 우리 안의 사례들을 찾아보는 것이 더 중요하다. 그 사례로부터 배우고 변화시킨 학교에서는 경쟁이 극적으로 줄어들고, 학습자 개개인의 발달에 훨씬 더 민감하게 반응하는 교육이 펼쳐질 것이다. 그렇게 되면 굳이 각 가정에서 언스쿨링과 홈스쿨링을 하지 않아도 될 것이다. 그때의 공교육은 얼마간 자기주도 교육의 철학을 담게 되는 것이리라.

물론, 이는 대단히 어려운 변화다. 말하자면 중등교육에서 대학 입시가 차지하는 비중이 현재는 80%라면 새로운 시스템에서는 20%가 될 것이다. 그 변화의 정도를 우리가 대략적으로 느껴볼 수 있게 수량화한다면 말이다. 공교육 시스템을 이런 식으로 바꾸는 과정에서 반발이 대단히 클 것이다. 왜냐하면 공교육 문제는 입시 문제, 사교육 문제, 그리고 근본적으로 계급 재생산의 문제와 직결되기 때문이다. 변화의 과정이 복잡할 뿐만 아니라 사회적 영향력이 매우 클 수밖에 없다. 즉, 이는 교육학적인 문제일 뿐만 아니라 매우 사회학적인 문제이다.

그 변화를 이루기 위해서는 몇 가지 조치와 새로운 인식의 기반이 필요하다. 잘 알려진 조치 가운데는 대학을 평준화하는 것과 직종별 임금 격차를 대폭 줄이는 것이 있다. 두 가지 경우 모두 정책구상안이 나와 있다.[1] 하지만 엄청난 반대가 뒤따를, 정치적으로 인기 없는 조치들이다. 게다가 이 책은 그런 정책들을 뒷받침하기 위해 쓴 것이 아니다. 이 책은 그런 정책들이나 혹은 그보다 나은 방법을 통해서 전 사회적으로 학습자 존중의 교육 시스템을 구성해낼 준비가 되었을 때를 미리 전망하며 쓰였다. 그런 준비가 되었을 때 실천할 교육 모델을 우리는 아직 명확하게 그리지 못하고 있기 때문이다. 내가 제안하는 교육은 아이들의 주도성이 지금보다 훨씬 크게 펼쳐지는 교육이다. 학습자의 관심사와 스타일이 더 핵심적인 원리가 되는 교육이다.

우리 사회는 아이들의 자기주도성이 펼쳐지는 교육을 상당히 이해하기 어려워한다. 그럴 만도 하다. 자기주도 교육 self-directed education이라고도 불리는 언스쿨링은 우리 사회에서 그 이름이 알려지기는 했다. 일례로 임하영의 『학교는 하루도 다니지 않았지만』이라는 책이 2017년에 나오고, 근래에는 오은영 박사의 TV 프로그램에 홈스쿨링 가정들이 심심찮게 나오는 것이다. 그러나 여전히 많은 이들에게 언스쿨링의 구체적인 모습은 블랙박스와 같다. 이름만 들어보았을 뿐, 그 교육이 어떤 모습으로 펼쳐지는지, 그게 통하는 이유는 무엇이고 또 이것이 사회적으로 어떤 가능성을 갖고 있는지 실천하고 있지 않은 이들은 알기가 어렵다.

때문에 나는 이 책을 썼다. 이 책에서 그 가능성과 작동 방식을 확인할 수 있다. 그렇다고 언제 올지 모를 미래만을 위해서 책을 쓴 것은 아니다. 학령기 아동이 있는 각 가정에서 '학교 없는 교육'이 자신의 가정에 맞을지 살펴보면 좋겠다. 그중 일부가 가정에서 자기주도 교육을 시도하고, 또 이 방법이 지닌 가능성을 알아본 이들이 우리 사회에 필요하다고 판단하면, 학교에서도 이런 교육을 하도록 요구할 수 있다. 그 흐름이 커진다면 학습자 중심의 교육이 몇몇 사람들만의 꿈과 실천으로만 끝나지는 않을 것이다.

내용과 구성

이 책은 언스쿨링의 교육학과 홈스쿨링의 사회학 작업에 바탕을 두고 있다. 사회학자로서 나는 2019년 봄부터 본격적으로 이 교육방법이자 철학에 대한 공부와 연구를 해왔고, 그해 여름부터 12년생 아들의 언스쿨링이 시작되었다. 또한, 탐색적 수준이지만 언스쿨링을 지향하는 홈스쿨링 가정을 만나 참여 관찰을 해왔고, 그 외에도 여러 가정이 블로그 등 공적인 공간에 내놓는 기록들을 읽고 분석했다. 이 책에 나온 가정 및 아동에 대한 묘사는 대부분 익명으로 처리했고, 일부는 내 가정의 사례임을 밝혀둔다. 각 부가 끝나고 나오는 성인 학습자의 가정을 인터뷰한 내용은 예외로서, 당사자의 허락을 받아 실명을 밝혔다.

용어들 간의 관계에 대해서 미리 밝혀두자면, 홈스쿨링의 일종인 언스쿨링은 특히 학습자의 관심과 의사를 존중하는 교육방식이다. 관련 연구를 가장 깊이 했다고 할 수 있는 미국의 발달 심리학자 피터 그레이Peter Gray는 언스쿨링보다는 자기주도 교육self-directed education이라고 부르기를 선호한다.[2] 언스쿨링은 학교 교육schooling을 하지 않는다는 소극적 표현이라서, 학교 교육에 대비된 것으로서만 의미를 갖기 쉽다. 오히려 더 넓게 정의될 수 있는 이 교육법을 스스로 가두는 용어가 되는 것이다. 그러나 언스쿨링이라는 용어 역시 널리 사용되는 것이 현실이기에 이 책에서는 언스쿨링과 자기주도 교육이라는 용어를 같은 의미로 번갈아 가며 사용한다. 또한, 언스쿨링이라는 용어를 사용하지 않더라도 그 철학과 방법에 공감하는 홈스쿨링 가정의 경우도 이 책은 반영하고 있다.

이 책은 3부로 구성되어 있는데 1부는 우리 사회가 자기주도 교육을 필요로 하는 이유를 다룬다. 말하자면 '왜'라는 질문에 집중한다. 1장에서는 현재 우리가 경험하는 한국 교육의 문제들을 간략하게 다루고 넘어간다. 이 책은 현재의 교육 시스템을 비판하는 데에만 머무르지는 않는다. 하지만 지금 우리의 경험에서 특히 무엇이 문제라고 나의 생각을 명확히 밝히지 않는다면, 그 후의 제안이 과연 어떤 점에서 의미 있는 것인지 파악하기 어려울 것이다. 2장과 3장에서는 이런 새로운 교육방식을 선도적으로 시도하는 이들의 노력에 주목해야 하는 이유와 그 노력이 뒷받침하는 우리 사회의 대안적인 가치들을 살펴본다.

2부에서는 구체적으로 자기주도 교육이 무엇

인지 설명한다. 우선 4장에서는 학교 교육과 비교해 보고, 5장에서는 이 교육방법이자 철학이 역사적으로 어떻게 등장했고 지금까지 어떤 연구들이 나와 있는지 일별한다. 6장은 앞으로의 실증 연구들이 테스트해 볼 수 있는 가설들을 제시함으로써 학술적 발전과 대중적 관심 사이의 다리를 놓는다. 각 부가 끝나고 다음으로 넘어가는 사이사이에 자기주도의 교육을 실천하고 만 18세 이상의 성년기에 진입한 학습자와 그 가정을 대상으로 한 인터뷰가 포함되어 있다. 각 가정이 하나의 유형을 대표하는 것은 아니지만, 각각의 사례가 지닌 공통점과 차이점이 잘 전달되기를 희망한다.

마지막으로 3부에서는 이러한 교육방법에 관심을 갖고 있는 이들이 그것을 실천하는 데 있어서 참고가 될 지침을 제공한다. 특히 7장은 학문 영역별로 학습자가 어떻게 발전하는지 그 메커니즘과 접근법을 설명한다. 8장은 실제 가정의 실천 모습에서 건져낸 현실적인 제안들을 공유한다. 9장에서는 각 가정뿐만 아니라 사회적인 단위에서도 자기주도 교육을 실천하기 위한 제안을 하고 있다. 무엇이 바뀌어야 이 교육철학을 실천하여 우리 사회가 21세기에 어울리는 교육을 할 수 있는지 논의하는 것이다. 그 논의에 여러분을 초대한다.

(차례)

머리말: 학교 없는 교육   5

1부 자기주도 교육이 왜 필요한가

1장 이 시대 우리 교육의 문제   21
불필요한 사회적 고통   25
입시, 놀라움이 없는 교육   28

2장 이미 시작된 트렌드   32
사회 변화에 적극적으로 반응하는 시민   36
80년대생 부모 다음의 90년대생 부모   39
교육의 비전문화와 홈스쿨링 제도화의 가능성   42

3장 자기주도 교육이라는 미래   47
언스쿨링이라는 교육방법   47
세 가지 학습본능   50
새로운 교육문화   56

성인이 된 자기주도 학습자 1   62

2부 자기주도 교육이란 무엇인가

4장 학교 없는 교육: 학교와 어떻게 다른가 77
    언스쿨링과 학교 교육의 세 가지 차이 78
    미리 정해진 커리큘럼 없이 배우기 87
    비교를 마무리하며: 혁명에 대해 96

5장 자기주도 교육의 역사와 이론 99
    루소, 듀이, 그리고 홀트까지 101
    언스쿨링과 홈스쿨링의 사회과학 105
    새로운 트렌드: 피터 그레이와 동료들 107
    한국의 경우와 미래 111

6장 언스쿨링의 특징: 다섯 가지 가설 116
    가설 1: 홈스쿨링 가정의 경제력 분포 118
    가설 2: 부모와 자녀의 교류 121
    가설 3: 언스쿨링과 과제집중력 125
    가설 4: 창의력의 유지 127
    가설 5: 수학 128
    언스쿨링이라는 교육방법 131

    성인이 된 자기주도 학습자 2 134

3부 자기주도 교육은 어떻게 하는가

7장 학습 영역별 성장의 메커니즘과 효과적 접근법 145
- 창작과 언어의 영역   147
- 과학과 수학   152
- 사회적 세계: 역사, 경제, 정치, 지리   157
- 탐구와 숙달하기   160

8장 시간을 어떻게 쓸 것인가: 시간표, 자원, 부모 164
- 시간표라는 삶과 교육의 틀   165
- 자원들: 무엇이 교육적인 자원이 되는가   169
- 보호자의 역할   177
- 각 가정에서 이 논의를 참고할 때   189

9장 우리 사회가 자기주도 교육을 하려면   191
- 개인과 사회   192
- 무엇을 다르게 할 것인가   194
- 인식의 전환: 정말로 모든 아이들의 성장을 위해   197

성인이 된 자기주도 학습자 3   201

맺음말: 미래교육의 도착   213
주   217

1부

자기주도 교육이 왜 필요한가

(1장)
이 시대 우리 교육의 문제

　우리는 대부분 의무적으로 다녀야 하는 학교에서 자녀 교육을 도모한다. 즉, 부모들은 때가 되면 자녀들을 학교로 보내고, 아이들은 자라서 학교로 가는 것을 당연하게 받아들인다. 국가는 학교를 운영하기 위해 커리큘럼을 짜서 보급하고 선생들을 선발하고 관리하며 감독한다. 산업이 발달한 거의 모든 사회에서 이런 방식을 기본 틀로 활용하고 있다. 서구 사회를 따라잡으며 20세기에 근대화를 이룬 한국은 교육 분야에서도 '없던 것들을 빨리 많이 만들어내는' 변화를 겪었다. 부모들의 교육열을 바탕으로 국가와 사회는 더 많은 학교를 만들고, 부모들은 더 나은 학교로 아이들을 보내기 위한 경쟁을 해온 것이 지난 70여 년의 교육사이다.[1] 학교에 더 진학하지 못한 것이 한이 된 부모 세대를 보고 자란 지금의 학부모들은 자신의 학창 시절, 학교에 다니는 것을 당연하게 여겼다.

논의가 사회와 국가의 역사로 확장되고 있지만, 지금 여기에서는 개인의 문제에 집중해 보자. 학습자로서의 아동과 청소년 말이다. 학교를 통해서 교육을 도모하는 방식에 너무나 익숙한 사회에서 우리는 심각한 문제 하나를 깨우치지 못하고 있다. 학교 교육을 12년 받다 보면 학습자들에게는 미취학 시기의 아동일 때는 없던 습관이 하나 생기게 된다. 그것은 바로 점수를 받기 위해서 학습을 하는 것이다. 배우고 익혀서 무언가를 알고 또 할 줄 알게 되는 데 초점을 두는 것이 아니라, 높은 점수 특히 남들보다 높은 점수가 관심사로 자리하는 것이다. 이런 학습의 동기를 '외적 동기'라 하는데, 사실 그것이 항상 문제인 것은 아니다. 문제는 외적 동기가 내적 동기를 압도하는 것이다. 이렇게 되면 학습의 주된 동기가 바깥에서 오지, 내면에서 나오는 일은 점점 없어진다. 그러면서 우리는 학습자의 흥미와 창의성을 말할 수 있는가?

십 년이 넘는 시간 동안 그런 방식의 교육에 익숙해지면 대부분의 학습자들은 이런 식의 사고를 하게 된다. '얼마나 적은 노력으로 나 혹은 내 부모를 만족시킬 점수를 얻을 수 있을까?' '이 수업이 얼마나 재미있을까?' 혹은 '이 과제를 함으로써 내가 성장할 수 있느냐'가 학습자에게 가장 중요한 질문이 아닌 것이다. 자신의 관심과 흥미로부터 출발하는 배움의 습관이 심각하게 약화된다. 아니, 대부분은 그것이 가능하다는 것마저 잊어버린다.

이러한 학습자들의 모습은 이미 선진국화된 한국의 사회경제적 조건들과 어울리지 않는다. 경제 대국이며 지식정보화사회에서 4차 산업혁명 기술들도 활용해야 하는 사회적 필요에 응답하기 어려운 모습이라는 뜻이다. 80년대까지 공장과 사무실에서 통하던 대중 보통교육의 습관은 더 이상 통하지 않는다. 이는 이미 90년대 세계화의 시대부터 본격적으로 문제 제기되어 온 바다. 물론, 근래에 나오는 4차 산업혁명 담론이 전망하는 변화상이 모두 펼쳐질 가능성은 매우 낮다. 그러나 그 변화상의 10%만 현실이 된다고 해도 이 불일치는 심각한 문제를 낳을 것이다. 과거 산업화 시대의 교육방식은 창의성을 희생시켜서라도 주어진 문제를 의심하지 않고 그에 맞는 답을 찾는 성실한 학생과 노동자를 만드는 교육이었다. 이런 방식은 미래의 교육이 되지 못할, 과거의 교육이다.

'창의성'을 강조하는 지금의 시대적 상황과 담론을 고려하면 학습자의 내적 동기는 참으로 중요하다. 창의성은 개인의 자유와 내적 동기를 북돋는 환경에서 꽃피는 인간의 특징이다.[2] 그 내적 동기가 외적 동기보다 더 중요하게 작동할 수 있는 교육이 필요하다. 우리 교육은 현재는 외부 평가가 학습자의 주된 동인인 상황이다. 그런 지금의 방식에서 내적 동기를 존중하는 방식으로 무게중심을 옮기기 위한 노력이 필요하다는 것이다. 그 과정은 학생들의 지적 해방을 추구하는 길일 뿐만 아니라, 우리 사회의 창의적 에너지를 낭비하지 않고 썩히지 않는 길이기도 하다. 그러나 그 방향으로 논의를 본격적으로 진행시켜 나가기 전에 우선 현재 상태를 더 확실하게 짚어볼 필요가 있다.

불필요한 사회적 고통

우리 사회는 현재 입시를 교육이라 착각하며, 아이들을 불필요한 고통 속에 방치하고 있다. 새로운 것을 배우고 익히는 과정은 때로는 고통스러울 수 있다. 특히 청소년기 이후의 교육에서는 분명 아이들이 질적인 성장의 과정을 의식적으로 통과해야 한다. 그 과정에서 고통이 수반되는 경우가 있고, 그 고통이란 대체로 어느 문제에 몰두할 때, 막히는 부분에서 겪어야 할 스트레스다. 그 고통의 과정을 거치고 문제를 해결하고 나면 고통보다 큰 환희를 느낄 수 있다. 학습자의 수준이 높아지면 높아지는 대로 또 다른 모습의 고통과 환희의 과정, 즉 질적 성장의 과정이 기다리고 있다.

하지만 많은 아이들이 오늘날의 교육과정에서 겪는 고통은 그런 고통이 아니다. 공부를 하는데도 오르지 않는 등수. 학원에 가기 싫은데 가야 하는 고통. '학원 뺑뺑이'를 돌다가 집에 와서 느끼는 탈진 수준의 피곤함. 조금이라도 재미를 찾기 위해 게임을 하거나 유튜브를 보다가 늦게 잔 결과로 찾아온 피곤한 아침 시간. 그래도 가야 해서 도착한 학교에서 발견한 또 다른 지친 아이들. 그것을 보는 스트레스. 그 쳇바퀴에서 빠져나올 수 없다는 자각에서 오는 패배감. 다른 길은 보여주지도 보려고 하지도 않는 벽처럼 느껴지는 부모. 거기에 더해 그 고통과는 상관없이 잘 돌아가는 듯 보이는 세상. 그 괴리에서 오는 고통까지 아이들은 느낀다.[3]

그 고통 속에서 어떤 아이들은 스스로 목숨을 끊는다. 그렇게 극단적인 선택을 하지는 않더라도, 많은 아이들은 그저 버티는 식으로 산다. 학생들이 얼마나 스트레스를 받으며 살아가고 있는지는 대표 표본을 통한 여러 조사들에서도 이미 잘 밝혀졌다. 일례로 시민단체 사교육걱정없는세상과 국회의원 유기홍이 함께 의뢰하여 2022년에 조사한 결과에 따르면, 전국 초중고등학생의 25.9%

가 학업 성적으로 인한 불안과 우울감으로 자해 또는 자살을 생각해 본 적이 있다고 한다. 실제로 매해 150명 내외의 학령기 아동 및 청소년이 자살을 한다. 학업과 성적 때문에 불안과 우울을 경험한 경우가 47.3%로 나타나기도 했다.[4]

이것은 그 자체로 엄청난 사회적 고통이다. 그러나 우리 사회는 이러한 경쟁교육의 현실에 너무 익숙해져서 정치적 의지가 충분히 모이지 않고, 해결을 위한 큰 변화 또한 이어지지 못하고 있다. 그러한 현실에 암담함을 느낀 교육자들이 2011년에 내놓은 책 『교육 불가능의 시대』가 21세기 한국 교육의 현재를 증언하고 있다.[5] 이들 외에도 많은 의식 있는 이들이 이런 심대한 사회적 고통을 지적하고 있는데, 문제는 이러한 교육이 사회적 고통만을 양산하는 데서 그치지 않는다는 것이다. 현재의 교육방식은 교육적 효과도 낮다.

입시, 놀라움이 없는 교육

최근 20~30년간의 뇌과학 연구 결과 중에서 특히 교육학적 함의를 잘 정리한 책 『우리의 뇌는 어떻게 배우는가』의 저자 스타니슬라스 드앤은 배움의 네 가지 '기둥'으로 집중, 적극적 참여/관여, 오류 피드백, 강화(다지기)를 들고 있다. 각각이 한 장chapter을 배분할 만큼 중요한 요인들이다. 이 네 가지 기둥만큼 체계적인 설명이 필요한 요소는 아니지만 중요한 것이 한 가지 더 있다고 그는 설명한다. 배움의 원동력이라고 저자가 표현한 요소다. 무엇인데 체계적인 설명도 하지 않으면서, '배움의 원동력'이라고 부를 수 있을까? 그것은 바로 놀라움이다.

우리의 입시가 왜 교육적이지 못한지 설명할 수 있는 방식에 여러 가지가 있겠지만, 나는 이 '놀라움'이 아주 중요한 키워드라고 본다. 뭔가 잘되고 있는 교육현장의 풍경을 상상하면 놀라움이라는 것이 있게 마련이다. 선생이 제시한 사례, 수업을 시작할 때 던지는 질문, 이런 것들이 학생들에게 놀라움을 주고 또 궁금증을 낳는다. 따라서 아이들도 뭔가를 질문하고, 선생이 답하고, 또 선생님의 제안에 학생들이 이렇게 저렇게 시도해 보고 반 친구들과 함께 힘을 모아보고 토의하고 그러면서 깨치는 과정이 일어난다.

어떤 공부가 놀라움을 주는 이유는, 어떤 의외의 면도 있겠지만 근본적으로 삶과 연계가 되기 때문이다. 놀라움을 주는 공부는 학생들의 삶과 연관이 있다relevant는 얘기다. 그와 대조적으로 입시에는 놀라움이 없다. 삶으로부터 괴리된 공부라서 그렇다. 시간과 공을 들여 공부하는 무언가가 삶에서 괴리된 것이든 아니든 시험에 나오는 것이면 알아야 하고, 무언가 삶에서 중요한 것이어도 시험에 나오지 않으면 알 필요 없는 공부가 바로 현재의 대학 입시 공부다. 그렇지 않은가? 교육에 관심이 있는 사람치고 '이런 거 학교에서 안 가르치고 뭐 하는 거지?'라는 생각을 안 해본 성인이 있을까?

결국 이것은 커리큘럼에 대한 문제 제기이기도 하다. 21세기에 우리의 아동 청소년은 배워야 할 것들을 배우고 있는가? 미래학자 앨빈 토플러는 21세기의 문맹은 읽고 쓰는 방법을 모르는 이가 아니라, 배우는 방법을 모르는 이라고 했다.[6] 우리의 아이들은 배우는 방법을 배우고 있는가? 우리 공교육은 정말로 학생들의 지적 성장을 위해 존재하는가? 우리 사회에서는 학습자에 초점을 맞춘 개별화된 커리큘럼과 불필요한 고통이 없는 교육이 요구되고 있다. 공교육이 변하길 기다리다 못해 새로운 시도를 하는 이들이 나타나고 있다. 이 책은 그들이 무엇을 하고 있는지 조명한다. 그들도 온전히 처음은 아니다. 1990년대 이후 우리 사회에서는 대안학교를 중심으로 본격적으로 대안교육계가 형성되었다. 그 대안교육의 한 축을 맡고 있던 것이 홈스쿨링이다. 홈스쿨링 중에서도 특히 학습자 중심의 교육철학이자 교육방법인 언스쿨링을 의식적으로 실천하는 이들이 나타났고 또 늘어났다. 이들의 교육방식은 아주 많은 이들이 실천하지도, 공교육에 반영되지도 않았기에 우리 사회의 아직 오지 않은 미래다. 하지만 그들은 이미 우리 곁에 있다. 미래의 교육이 이미 도착해 있다. 도착해서 우리 교육이 나아갈 길에 대해 많은 힌트를 주고 있다. 2장에서는 누가 어떻게 그 시도들을 하고 있는지 조명한다.

(2장)
이미 시작된 트렌드

    우리 시대의 사회 변동을 얘기할 때 4차 산업혁명은 빠지지 않는다. 그러나 4차 산업혁명 논의에서 그 영향력에 대한 전망 중에는 다소 과장된 것이 많다. 기술의 가능성이 부족해서가 아니라, 기술을 받아들이는 사람들에게 빠르게 행동을 바꾸지 않는 경향이 있기 때문이다. 스마트폰은 우리의 삶을 상당히 빠른 속도로 바꾸어놓았지만, 다른 여러 기술들은 우리 삶에 큰 영향을 끼치지 못하기도 한다. 메타버스의 실패, 혹은 잠정적인 실패가 그런 좋은 예시다.

    반면, 컴퓨터 및 인터넷 연결 기술로 대표되는 3차 산업혁명의 결과들은 우리 삶 속에 깊숙이 들어와서 그것들이 없는 삶은 이미 상상하기 어려워졌다. 인터넷 쇼핑이나 뱅킹은 상식이 되었고, 그런 서비스를 휴대폰으로 누리는 것에 익숙해진 세상이다. 그런 모습들이 우리 사회가 지식정보화 사회임을 단적으로 보여준다. 우리는 그런 기술로 인해 사회의 면면이 어떻게 달라졌는지 들여다볼 필요가 있다. 사회가 그 전과 얼마나 달라졌는지 차근차근 살펴보면, 전에 없던 요소들이 모여서 약 30년 전과는 아주 다른 방식의 교육이 가능하게 되었음을 깨닫게 된다.

앞선 장에서 다루었던 우리 교육의 문제를 깊이 인식하는 부모들이 이런 사회의 변화에 선도적으로 반응하고 있다. 그 변화의 핵심은 지식 습득 통로의 다양화와 대중화이고, 부모들의 반응은 대안학교 또는 언스쿨링이나 홈스쿨링과 같은 학교 밖의 교육을 추구하는 것이다. 이런 교육방법은 학령기 아동 청소년뿐만 아니라 성인을 대상으로 한 평생교육으로서도 의미가 있다. 그러나 이 책에서 우리는 학령기 아동 청소년에 논의의 초점을 맞춘다.

[표1] 연도별, 학교급별 학교중단율

(단위: 명, %)

년도	초등학교			중학교			고등학교		
	재적학생수	학업중단자	학업중단율	재적학생수	학업중단자	학업중단율	재적학생수	학업중단자	학업중단율
1980	5,658,002	3,856	0.1	2,471,997	30,628	1.2	1,696,792	43,088	2.5
1985	4,856,752	1,636	-	2,782,173	29,410	1.1	2,152,802	63,841	3.0
1990	4,868,520	1,299	-	2,275,751	22,348	1.0	2,283,806	42,542	1.9
1995	3,905,163	1,219	-	2,481,848	24,567	1.0	2,157,880	53,743	2.5
2000	4,019,991	14,734	0.4	1,860,539	19,097	1.0	2,071,468	52,136	2.5
2005	4,022,801	18,403	0.5	2,010,704	15,669	0.8	1,762,896	23,076	1.3
2010	3,299,094	18,836	0.6	1,974,798	18,866	1.0	1,962,356	38,887	2.0
2015	2,714,610	14,555	0.5	1,585,951	9,961	0.6	1,788,266	22,554	1.3
2016	2,672,843	14,998	0.6	1,457,490	8,924	0.6	1,752,457	23,741	1.4
2017	2,674,227	16,422	0.6	1,381,334	9,129	0.7	1,669,699	24,506	1.5

출처: 한국교육개발원(2018), 55쪽, 표 II-6-1을 재구성

우선, 학교 밖에 있는 아동과 청소년의 수와 그 구성상의 변화부터 짚어보자. 위의 표는 한국교육개발원이 조사한 결과를 보여주고 있다. 현재까지도 지속되고 있는 것처럼 초등보다는 중학교, 그리고 고등학교에서 학생들이 가장 많이 학교를 나가는 패턴이 유지되고 있다. 전체적으로 한 해에 학교 밖으로 나가는 아동 및 청소년은 약 1%이다.

그렇게 학교를 그만둔 이들 중 일부는 학교로

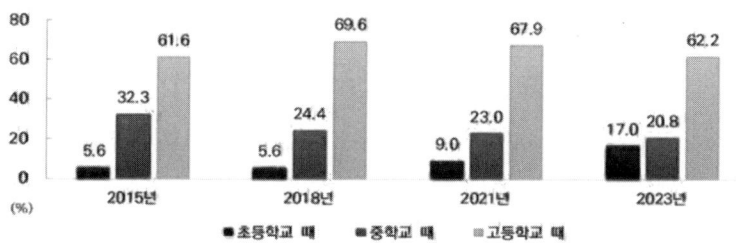

출처: 여성가족부(2024. 5. 9), 12쪽

돌아가지만 '학업중단' 통계는 그해 3월에서 다음 해 2월까지의 통계이기 때문에, 밖으로 나온 학생들이 누적된다. 그로 인해서 학교 밖 아동 청소년이 최대 40만 명에 이른다고 추산하는 연구도 있다.[7] 물론 이는 대안학교와 홈스쿨링 그리고 장단기 유학생 등 공교육 시스템에서 벗어난 모두를 포함한 수치다. 그럼에도 이 수치는 이제 600만 명이 안 될 정도로 줄어든 학령기(만 6세에서 17세) 아동 청소년의 수를 고려했을 때 전체의 5%를 훌쩍 넘는다.

한편, 근래의 학교 밖 아동 및 청소년 관련 통계에서 중요한 변화가 있다. 위 그래프는 학교를 그만둔 시기(초/중/고)를 보여준다. 초등학교 비율의 증가가 특히 눈에 띈다. 코로나 팬데믹 시기에 올라간 비율(5.6%에서 9%)이 유지되는 것도 모자라 더 크게 올라갔다(9%에서 17%). 과연 이들이 '학업중단자'일까?

물론, 이러한 사회 저변의 변화가 우리의 인식에 반영되는 데에는 시간이 걸린다. 대안교육을 도모하고 있지 않은 독자들 중에는 주변에서 홈스쿨링이나 대안학교로 가는 아이를 보지 못한 이들도 많을 것이다. 그러나 이렇게 통계로 모아 보면 분명한 모습이 드러난다. 다른 교육을 시도하는 이들이 이렇게 늘고 있다는 것이다.

사회 변화에 적극적으로 반응하는 시민

우리가 겪은 사회 변화의 핵심을 정리하면 학교 없이도 양질의 교육을 할 수 있는 사회경제적 기반이 준비되었다는 것이다. 특히 초등교육 단계에서 그러하고, 중등교육 역시도 상당 수준에서 그러하다. 그것을 가능하게 하는 사회경제적 조건을 짚어보고, 그에 대한 반응으로서의 자기주도 교육이 지닌 사회적 가능성에 대해 말하고자 한다. 아주 거시적이고 추상적인 얘기로 들릴 수 있지만, 나를 포함하여 70년대와 80년대에 출생한 지금의 학부모의 학창 시절과 현재의 아동 청소년이 처한 환경을 비교하는 것이라고 볼 수 있다.

나는 1988년에 초등학교(국민학교)에, 2000년에 대학에 들어갔다. 즉, 90년대가 학령기를 보낸 시기라고 할 수 있다. 그때 학교 밖에서 구할 수 있었던 교육적 자원resources을 떠올려보자. 지역별 차이는 있지만, 그때도 학원은 성행했다. 그러나 도서관이 아직 많지 않았다. '기적의 도서관' 같은 민간 주도의 프로젝트, 그리고 뒤따른 지자체들의 도서관 증설 등, 책 읽는 문화의 물질적 기반을 공고히 하려는 노력이 본격적으로 펼쳐진 것은 2000년대 이후의 일이다. 유튜브로 대표되는 인터넷과 온라인 플랫폼이 교육적 자원이 될 만큼 널리 자리 잡은 것은 2010년 전후라 볼 수 있을 것이다.

도서관과 인터넷이 대표적이지만, 이들뿐만

아니라, 우리나라의 경제적 수준이 올라가면서 사회적으로 갖추게 된 교육적 자원이 많아졌다. 가히 그 풍경이 바뀌었다고 할 만하다. 그렇지 않은가? 과학관, 청소년 센터, 그 외의 평생학습기관들, 그리고 사교육의 다양화와 첨단화까지, 참으로 많은 것이 달라졌다. 많은 것이 학교 밖에서 가능한 상황이 되었다. 즉, 예외적인 가정에서만 홈스쿨링이나 언스쿨링이 가능한 것이 아니라, 넓게 정의한 중산층 이상에서는 뜻만 있으면 얼마든지 가능한 교육 형태가 된 것이다.

물론 사회경제적 조건이 바뀌었다고 사람들의 행동 패턴과 문화적인 규범들이 곧바로 바뀌지는 않는다. 일례로 여전히 많은 부모들이 아이들을 대학에 무조건 보내야 한다고 생각하며, 또 이른바 '명문대'와 의대에 들어가게 하는 데 매우 큰 에너지를 소모하는 것이 현재 우리 사회에서 어렵지 않게 찾을 수 있는 모습이다. 그것이 아직까지는 지배적 문화 규범인 것이다. 이것은 간략하게 말해서 80~90년대의 사회적 조건과 '성공 사례들' 때문에 형성된 행동 패턴이라고 할 수 있다. 이제는 그런 방식이 별로 통하지 않는다는 것(소기의 목표를 달성하는 데 그리 효과적이지 못한 전략이라는 것)을 보여주는 데이터들이 쌓이고 있지만, 많은 이들이 그것을 외면한다. 즉, 교육에 대한 대다수의 접근법(문화적 규범)은 아직까지는 새로운 현실을 보고도 완고하게 저항하고 있는 것이다.

지금은 이렇게 바뀐 사회경제적 조건을 잘 활용하는 길이 과연 어떤 것인지 사회적인 수준에서의 고민이 필요한 시점이다. 사실 사회의 전면에 자주 드러나지는 않지만 많은 이들이 이미 이런 고민을 하고 있다. 그들은 바뀐 조건들을 자연스럽게 활용하고 있다. 현재는 70~80년대생 중 일부가 지금의 트렌드를 이끌고 있지만, 90년대생들이 학부모의 다수가 되는 시기가 오면 더 큰 변화를 예상해 볼 수 있다.

80년대생 부모 다음의 90년대생 부모

90년대생은 한국 사회에서 특별한 데가 있는 세대이다. 물론, 대중적인 반향을 일으킨 『90년생이 온다』에서 묘사하고 설명하는 것을 곧이곧대로 받아들여서는 안 될 것이다. 왜냐하면 그 책에는 세대의 특성과 나이의 특성을 합쳐서 세대의 특성처럼 설명한다거나, 세대의 특성과 시대의 특성을 합쳐서 세대의 특성처럼 설명하는 면이 있기 때문이다. 그러나 세대-시대-나이가 주는 각각의 효과를 구분한 후에도 발견할 수 있는 그 세대만의 특별함이 90년대생에게는 분명히 존재한다.

예를 들어, 비혼이라는 문제를 보자. 우리 시대 전 사회적 관심사인 저출생과 직결되는 문제이기 때문에 상당한 관심을 받는 '비혼'은 개인들의 의사인 동시에 사회적인 현상이다. 80년대 초반생인 내가 10대일 때에도 우리 사회에 그런 선배들이 있었다. 당시까지는 '독신주의'라고 불렸다. 그 독신주의가 점차 비혼주의라는 말로 대체될 만큼 사회가 달라졌고, 80년대생 중에서는 70년대생에 비해 비혼주의를 선택한 이들이 늘었다. 중요한 것은 70년대생에서 80년대생으로 가면서 늘었던 수준보다 80년대생에서 90년대생으로 가면서 그 수가 더 크게 는다는 것이다. 바로 그 변화하는 성도의 차이가 90년대생의 특별함이다. 그러니까 예를 들어, 70년대생에서 80년대생 사이의 차이가 3%였다면, 80년대생과 90년대생의 차이는 3~4%가 아니라 10%인 식이다. 이런 식의 차이는 결혼을 대하는 태도에서만 나타나는 것이 아니다.

조직과 개인의 관계나 소비 패턴 등 여러 면에서 90년대생은 이전 세대와 다른 면이 있다. 물론 비혼주의의 경우에서처럼, 90년대생의 특성은 전에 없던 현상이 나타난 것이라기보다는 전에는 더 적은 사람들만 하던 것을 90년대생들은 다수가 하는 식이다. 70년대생에서 80년대생으로 넘어오면서 어떤 특성이 2%에서 5%의 구성원이 하는 것으로 늘었다면 90년대생에 이르면 7~8%가 아니라 13~15%에 이르게 되는 그런 모습이다. 10% 이상의 구성원이 무언가를 선택하면 사회는 더 이상 그것을 예외로 취급할 수가 없다. 그래서 그렇게들 90년대생을 이해하기 어렵다며 아우성인 것이다.

홈스쿨링 및 언스쿨링과 관련해서도 비슷한 변화가 예상된다. 일단 학교 밖으로 나오는 이들이 늘어날 것이다. 게다가 나온 후의 모습도 전과는 다를 것이다. 70년대생 부모들까지는 학교 밖으로 나오면 일단 대안학교부터 알아봤다면, 80년대생 학부모들은 그 정도가 약해졌다. 대안학교도 선택지이지만 홈스쿨링하는 이들이 적지 않다. 그리고 그들 중에는 초등과정을 마치면, 중등과정은 빠르게 통과하고 바로 대학으로 진학하는 이들도 상당하다. 90년대생들에게는 그 경향이 더 강할 것이라 추측한다. 사회의 여러 지표를 통해 90년대생 부모들이 어떻게 다를 것인지를 예상해 보면, 80~84년생 (학)부모들을 보며 나오는 이런저런 "전과 다른 부모" 얘기들은 예고편에 불과할 것이다.[8]

교육의 비전문화와
홈스쿨링 제도화의 가능성

지금까지 트렌드를 이끌 주체, 특히 학습자의 부모 세대에 초점을 맞추어 변화상을 짚어보았다. 이제부터는 제도의 변화에 대해서 살펴보자.

홈스쿨링 인구가 늘어나는 것은 20세기 후반부터 두드러지게 나타나고 있는 비전문화 deprofessionalization 현상 혹은 DIY(do-it-yourself), 직접 하기 현상의 일부라고 볼 수 있다. 근대적인 시스템이 자리를 잡는 과정에서 우리는 모든 것의 전문화를 겪었다. 집 안의 간단한 전기, 주방, 화장실 수리에서부터 우리의 건강이나 자녀의 교육까지. 근래에는 그러한 것을 다시 자기 손으로 되찾아오는 현상들이 나타나고 있다. 그것을 '비전문화'라고 일컫는다. 홈스쿨링하는 가정이 늘어나는 것은 자녀 교육의 비전문화라고 할 만하다. 그리고 그런 세대는 홈스쿨링 제도화를 요구할 수 있다.

일반적으로 그런 요구는 입법기관이나 행정기관을 향하는 것이 모든 민주사회의 모습이다. 그런데 아직 그런 아름다운 일이 현실에서는 일어나지 않고 있어서, 다소 '아름답지 못한' 시나리오가 펼쳐질 가능성도 있다. 바로 사법기관이 관여하게 되는 시나리오다. 간단하게 말해 행정소송을 거쳐 헌법소원까지 가는 경우를 말한다.

행정소송은 어떻게 시작될 수 있는가? 현행법상 학부모가 학교의 반대에도 불구하고 아이를 학교에 안 보내겠다고 고집하면 학교는 법적인 제재를 사법기관에 요청할 수 있다. 그런 법적 제재를 하는 것은 국가기관의 권한이다. 벌금 집행을 할 수 있고, 그 이상의 처벌이 내려질 수도 있다. 그러면 그 결정에 대하여 부모가 행정소송을 걸 수 있다. 그런데 그 소송에서 원고(부모)는 질 가능성이 상당하다. 왜냐하면 그게 현행법상 학교나 국가의 권한 안에 있는 행위이기 때문이다. 행정소송에서 원고가 지게 되면 그 판단의 근거가 되는 법령이 헌법에 보장된 국민의 기본권을 저해한다는 뜻에서 헌법소원을 제기할 수 있다. 이때 해당 법령은 헌법불합치 판정을 받을 상당한 가능성이 있다. 물론 원고가 반드시 이긴다고 장담할 수는 없을 것이다.

이런 식의 헌법불합치 결정을 통해서 현행법이 바뀌는 경우가 우리나라에도 많아지고 있다. 특히, 최근 10~20년 사이에 이런 사례가 꽤 많이 쌓인 것으로 보인다. 참고로, 사회의 변화에 있어서 헌법재판소의 역할이 '평균적인' 나라들에 비해서 큰 미국의 경우에는 이런 식으로 법이 변화하는 경우가 꽤 많다. 그 결과 사회의 어떤 변화를 논의할 때 헌법재판소의 결정 이름이 함께 언급되는 것이 매우 자연스럽다. (이를테면 임신중절에 관해서는 로 대 웨이드 판결Roe. vs. Wade 1973이 있다.) 우리나라는 헌법재판소가 법의 개정을 이끄는 경우가 적었으나, 최근에는 점점 늘어나고 있다. 그리고 홈스쿨링 제도화도 그런 길을 가게 될 가능성이 있다.

사실 홈스쿨링의 제도화 필요성에 대해서는 교육행정관료들도 많이 알고 있고, 정치권에서도 분명 감지를 하고 있을 뿐 아니라 일부는 행동에 옮기고 있다. 예를 들어 2007년 대통령 자문 교육혁신위원회가 제출한 「미래교육 비전과 전략 2030」은 이미 홈스쿨링제 도입에 대한 내용을 포함하고 있고, 2020년 말에 통과된 대안교육기관법이 기존에 논의될 때에는(대략 2011~2015년), 그 주제에 홈스쿨링도 포함되고는 했다.[9] 그런데 홈스쿨링하는 가정들의 정치적 조직화가 약한 탓인지 그 움직임이 힘을 받지 못하고 있다.

한 대안학교 관계자의 말에 따르면 2000년대에는 홈스쿨링 단체와도 함께 입법운동을 했는데, 지금은 그렇지 않다고 한다. 그 사이에 홈스쿨링 가정들이 대중매체에 많이 나와 홈스쿨링에 대한 이미지는 좋아졌을지 몰라도, 홈스쿨링 가정 전체의 정치적 힘은 오히려 줄어든 게 아닌가 싶다. 그리하여 이 중요한 제도의 변화가 사법부를 통하는 방식으로 일어날 가능성이 높아지고 있다.

이 장에서 나는 사회적 혁신 사례로서의 홈스쿨링과 언스쿨링 가정의 등장 및 증가를 논의했다. 이들은 기술적 그리고 사회경제적 변화에 누구보다 적극적이고 빠르게 대응하고 있는 사람들이다. 21세기의 사회적 조건들은 그들의 증가와 트렌드 선도를 예상할 수 있게 해준다. 그러나 이런 사회적 현상의 의미를 누구나 중요하게 받아들이기에 아직은 논의가 부족하다. 자기주도의 교육 방식이 우리 사회의 전반적인 미래교육 형태가 될 수 있는 이유가 아직 충분히 설명되지 않았기 때문이다. 그것이 바로 다음 장의 주제이다.

(3장)
자기주도 교육이라는 미래

머리말에서 밝힌 대로 이 책은 홈스쿨링의 사회학과 언스쿨링의 교육학에 기대고 있다. 자기주도 교육이라고 부르는 것이 더 나을 언스쿨링이라는 교육방법에서 그 핵심적인 매력이 나온다. 그렇다면 언스쿨링이 왜 좋은 것인지에 대한 이야기를 해야 한다. 핵심은 사실 아주 간단하다. 언스쿨링이란 아이들이 지금 행복하게 살면서도 미래를 대비하고 준비할 수 있는 교육방법이라는 것이다.

언스쿨링이라는 교육방법

아이들은 지금 행복한 방식으로 살고 배우면

서도 미래 지향적인 성장을 할 수 있다. 미래에도 행복할 수 있는 '자기 계발'이 가능하다는 얘기다. 그 근본적인 이유는 그들이 자라나는 아이들이기 때문이다. 아이들은 성장하고 발전하는 것, 더 나은 자신이 되는 것을 자연스럽게 지향한다. 심지어 청소년 시기 전의 초등교육 단계 아이들은 의식적인 노력 없이도 상당 부분 그것을 이룰 수 있다. 말하자면, 이들의 거의 '충동'에 가까운 자연스러운 욕구와 욕망을 신뢰해도 된다는 것이다. 물론, 주변의 어른들이 옆에서 관찰하고 때때로 도움을 주면, 특히 아이들이 '요청할 때' 도와주면, 이들은 아주 잘 발전할 수 있다.

왜 그럴까? 대략 만 6세에서 11세까지의 아동은 청소년(대략 만 12세에서 17세)과 어떤 면이 달라서 그러는 것일까? 다른 점에는 여러 가지가 있지만, 학습자로서 가장 큰 차이점 중 하나는 동기 motivation를 갖는 방식이다. 청소년들은 특히 15세 정도 되면 인생의 목표 같은 것을 세울 수 있다. 더 어린 아이들도 '꿈' 얘기를 하지만 그건 대부분 어른들이 직간접적으로 물어보기 때문에 반응하는 과정에서 골라낸 것이지, 자신의 가슴과 머리로 정한 '목표'는 아닐 터이다. 물론 예외는 있겠다. 그러나 만 15세쯤 되면 대체로 자신이 세운 목표를 향해 '의식적인' 노력이 가능하다. 공자의 지학志學에서 알 수 있듯 우리 삶에 대한 오랜 성찰이 그렇게 말해주고 있고, 뇌과학의 성과들도 그렇게 말하고 있다. 그런 목표를 세운 학습자는 '훈련의 시간'도 기꺼이 견딜 수 있다. 그런 방식의 의식적인 노력은 큰 효과를 낼 수 있다.

그전 시기의 아이들은 대체로 '의식적인' 노력이란 게 그렇게 잘 되지를 않는다. 물론 전혀 안 된다거나 훈련의 효과가 없는 것은 아니다. 게다가 우리 사회는 그런 문화적인 행동규범("공부는 학생의 일")의 힘이 무서울 정도로 자꾸 커지고 있다. 쉽게 말해 중고등학생들에게 하는 것처럼, 초등학생들에게 기대하고 '훈련시키는' 어른들이 많아지는 것이다. 그 결과 초등학생들까지 입시 스트레스를 겪는 결과를 낳기도 한다.

그런데 만 6세에서 11세 정도의 아이들에게는 부모나 선생이 의식적인 노력을 강조할 필요가 별로 없다. 그 아이들에게는 '의식적인 노력'보다 훨씬 더 강한 힘이 작동하기 때문이다. 바로 자기 주변의 세상을 배우려는 본능적인 욕구이다. 노력이라는 '문화'보다 욕구라는 '자연'이 힘이 센 시기가 만 12세 전의 시기이다. 훈련보다는 본능, 문화보다는 자연, 노력보다는 욕구를 충실히 따르는 것이 초등 단계에서는 특히 중요하다. 아이에게 없는 동기를 부모가 채워줄 수는 없고, 무엇보다 있는 동기를 방해하지 않는 것이 중요하다. 없는 동기를 채워주려 하다 보면 오히려 수동성만 키우게 된다. 그러지 말고 자연스럽게 찾아오는 동기, 이것을 방해하지 않는 게 중요하다. 그리고 그것을 최대한 활용해서 자연스러운 성장을 이끌어내는 교육방식이 언스쿨링이다.

세 가지 학습본능

아동의 교육, 즉 아동의 학습과 성장에는 본능이 중요하다는 것을 잘 보여주는 예시가 있다. 발달 심리학자 피터 그레이Peter Gray는 특히 세 가지 본능—호기심, 놀려는 마음playfulness, 그리고 사람들과 어울리려는 마음sociability—을 지적하는데, 그런 본능들이 어떻게 작동하는지를 잘 보여주는 사례다.[10]

 수가타 미트라Sugata Mitra는 1999년에 인도 뉴델리의 IT회사 과학디렉터였다. 그가 그해 1월에 실험 하나를 시작한다. 이 실험은 실험실에서 하는 것이 아니고, 회사 건물 바깥의 거리에서 하는 특이한 것이었다. 건물이 위치한 거리는 빈민가였다. 그는 그곳에 컴퓨터 한 대를 설치했다. 동네의 아이들이 하나둘 모이기 시작했다. 컴퓨터를 처음 보는 아이들이었다. 그런 그들 앞에서 컴퓨터를 설치한 어른이 전원을 켜 보이고는 자리를 떠났다.

 한 달이 지났다. 어떻게 되었을까? 한 달 전만 해도 컴퓨터를 처음 봤던 아이들이 이제 컴퓨터를 사용할 줄 알게 되었다. 아이들이 스스로 배운 것이다. 클릭하고 드래그하고 윈도우 창을 열고 닫고, 파일을 띄우고 저장하고, 또 게임도 하고, 인터넷 열어서 서핑하고, 심지어 이메일 계정을 만들어

사용하는 아이들까지 있었다. 이게 도대체 어떻게 된 일일까? 그 동네의 만 6세에서 13세의 아동들은 어떻게 스스로 배운 것일까? 컴퓨터를 가지고 놀다 보니 그렇게 된 것이다. 그리고 그 과정에서 누구 하나가 새로운 것을 깨우치게 되면 친구들에게 알려준다. 그렇게 배운 것이다. 이곳만이 아니었다. 인도 내에서 총 26회 반복된 실험에서, 그리고 다른 나라(캄보디아, 이집트, 남아프리카)에서 진행된 실험에서도 같은 결과가 나왔다. 컴퓨터를 설치하고 3개월쯤 지나면 그 모든 곳에서 아이들이 컴퓨터 조작법을 스스로 터득하고 공유했다.

그레이는 학습과 관련된 세 가지 본능적인 욕구로 이 현상을 설명한다. 첫째와 둘째는 호기심과 놀려는 마음이다. 이 정체 모를 물건이 무엇일까 궁금한 마음, 그리고 '이렇게 하면 되나? 저렇게 하면 되나?' 자신의 궁금한 마음을 행동에 적용해 보는 놀이욕구가 학습자들로 하여금 여러 가지 방법을 시도해 보게 한다. 결국 누군가는 깨치게 된다. 그리고 세 번째 본능이 사람들과 어울리려는 성향이다. 이것 때문에 아이들은 새로운 것을 알게 되면 친구들과 공유한다. 그게 혼자만 알고 있는 것보다 훨씬 재밌기 때문이다.

이 실험 결과는 아동의 교육을 어떻게 구성하는 것이 좋을지 생각해 볼 것을 요청한다. 동시에 우리에게 힌트를 주고 있다. 호기심, 놀이욕구, 사람들과 어울리려는 욕구, 이 세 가지 본능을 잘 활용하라고 말해주는 것이다. 이런 본능을 아동 교육에 적극적으로 적용하는 것이 바로 언스쿨링이고 자기주도 교육이다.

그러나 대부분의 아이들이 학교에 들어가게 되고 그곳에 익숙해질 때쯤부터 잃어버리거나 손상되는 것이 있다. 바로 자기주도의 습관이다. 아이들은 학교를 오래 다니며 '자기주도' 습관을 잃기 전까지는 모두 자기주도의 달인들이다. 만 4~5세의 아이들을 떠올려보면 된다. 말을 배우고 책을 읽어달라고 하고 그림을 그리는 아이들은 자기가 관심 있는 것에 몰두하며 배우고 익히고 창작한다. 자라나는 풀만 봐도 신기해하며, 지렁이만 봐도 질문을 한다. 학습적인 기능을 하는 본능이 발현되는 것이다. 이런 본능과 그 표현들이 초등

학교에 들어간다고 바로 없어지지는 않는다. 그러나 우리의 초등학교는 그 자기주도적인 배움을 장려하는가, 아니면 억제하는가? 전보다는 학생 개개인에게 민감한 선생님들이 많아졌지만, 여전히 학교라는 체제는 아이들을 학교에 '적응'시키기에 바쁘다. 아이들이 보여주는 자기주도의 학습본능은 학교를 통한 교육방식에는 걸림돌로 인식되기 일쑤다. 그래서 그것들을 '단체 생활'이나 '사회화'를 대의로 하여 억누른다.

물론, 어떤 아이들은 학교를 오래 다녀도 '자기주도'의 습관이 남아 있다. 그러나 누구도 아무 손상 없이 그 과정을 통과하지는 못한다. 수동성을 키우게 되는 것이다. 다들 수동성을 공유하기 때문에 그런 상태를 특별하게 취급하지 않을 뿐이다. 여기에는 제도뿐만 아니라 문화적인 힘이 작동한다. 그것이 반드시 자연스러운 것은 아닌데 자연스럽게 하는 힘이 작동하고 있는 것이다.

그것은 어떤 문화인가? 학습자들이 '지금 하고 싶지 않은 것을 하지 않을 자유'를 허용하지 않는 문화를 말한다. 이런 자유는 우리에게 부족한 자유 중 하나이다. 한국은 법으로, 또 규범으로 하고 싶지 않은 것도 하게 만드는 압력이 강하게 작동하는 사회라고 할 수 있다. 그것이 항상 나쁜 결과를 내지는 않는다. 일례로 코로나19 팬데믹 상황에서는 그것이 매우 긍정적인 효과를 냈다. 마스크를 쓰고 싶지 않아도 국가는 규정을 만들었고, 규정이 생기기 전부터 사람들은 다른 사람 눈치가 보여서 마스크를 썼다. 그것이 감염병에 꽤 성공적으로 대처해 낸 하나의 요인이 되었다. 그렇듯 그 문화는 때로는 집단적으로 어떤 문제를 잘 대처하는 데 도움을 주기도 한다.

그러나 교육 분야로 가면 그 특성이 매우 부정적인 방식으로 드러난다. 간명하게 말해서 '수포자'에게 수학을, '영포자'에게 영어를 지금 이 자리에서 의사와 상관없이 하게 만드는 공교육 시스템이다. 고문이 따로 없다. 적성에 맞지 않는 것은 건너뛸 자유 같은 것은 한국의 초등학교부터 고등학교까지 찾아볼 수 없다. 심지어 때를 기다렸다가 할 수 있는 자유마저도 주어지지 않는다. 그러면 당연히 누구에게나 뒤처지는 부분이 생기는데,

그걸 채우려고 학원으로 과외로 돈은 돈대로 쓰고 학생은 학생대로 지쳐간다. 이걸 지금 배우고 싶은지 아닌지는 완전히 무시된다. 학습은 거의 전적으로 노동이 된다. 입시노동이다.

새로운 교육문화

자기주도 교육self-directed education은 새로운 교육방식이자 교육문화이다. 이 교육방식은 학습자의 자유와 여유를 최대한 활용하는 방식이다. 이것은 학습자의 창의성 발현이라는 목표에 특히 좋은 결과를 낸다. 창조적 작업을 시작부터 끝까지 할 자유를 주는 것이다. 교육계의 언어로 말하자면, 과제집중력을 높이거나 유지하는 좋은 방법이다. 아직 학령기가 아닌 아이들은 그런 모습을 많이 보인다. 만 3~5세의 아이가 한 자리에 앉아서 그림 그리기에 한 시간 이상 집중력을 보인다든지, 레고 맞추기를 긴 시간 하는 경우를 말한다. 그런데 학교생활을 몇 년 하고 나면 그런 집중하는 버릇을 잃는 아이들이 많아진다. 그와 대조적으로 자기주도 교육을 하는 아이들은 계속해서 그런 습관을 유지할 수 있다.

그런 모습은 지속 기간을 기준으로 장기와 단기로 나누어 설명할 수 있다. 단기간의 과제집중력은, 그날 하루에 한 시간이든 두 시간이든 계속하는 것이고 앞서 묘사한 만 3~5세의 아이의 예시에서 충분히 떠올릴 수 있는 모습이다. 그것을 청소년기까지 유지할 수 있다. 그런데 학습자가 자라면서 장기간 작업을 해야 하는 경우에도 과제집중력이 빛을 발한다. 글을 쓴다든지 그림을 그린다든지 무언가를 만든다든지 할 때, 계속해서 하나의 작업에만 몰두하지 않을지라도, 자신이 원할 때 해당 작업으로 돌아가고 또 돌아가서 3주가 되었든 6주가 되었든 그 작업을 마치는 모습을 보이는 것이다. 그러나 학교 스케줄이 우선적인 경우에는 그것 때문에라도 그런 작업 방식을 연습할 수 없다. 그와 대조적으로 학교 밖 학습자의 창의적 작업은 그것을 직업으로 삼은 어른들의 과정과 크게 다르지 않은 모습을 보인다.

지금까지 다룬 창의성은 대체로 가르치지 않

아도 성과와 성취를 낼 수 있는 영역이다. 그렇다면 꼭 선생이 아니더라도 누군가 가르쳤을 때 배우고 성장하는 인지적 영역들은 어떨까. 예를 들어 수학과 과학 분야 말이다. 이 부분에 대해서 논의하자면, 우선 켄 로빈슨의 말을 떠올려볼 필요가 있다. 학교 개혁과 창의성에 대한 테드TED 영상으로 유명한 그는 무엇이 교육 성과를 가지고 오는가에 대한 답을 아주 간명하게 표현한 바 있다. 그에 따르면 교육의 핵심은 선생과 학습자 사이의 교류의 양과 질의 조합이다.[11] 로빈슨의 아이디어를 자기주도 교육에 적용하면, 그것은 양의 면에서도 그렇지만 특히 질의 면에서 희망이 될 만한 교육방식이다. 이는 우리 학교 교육이 가야 할 방향을 보여준다. 특히 두 가지 이유에서 그러한데, 학습자에게 피드백을 많이 줄 수 있다는 점과 그러기 위해서 그들이 보내는 신호에 집중할 여유가 있다는 점에서 그렇다.

뇌과학 발견들의 교육적 함의를 잘 정리한 드앤Dehaene은 학습에 있어서 피드백의 역할을 특히 강조한다. 특히 빠르고, 세세하고 정확하며, 처벌

받는 듯한 느낌을 주지 않는 피드백이 중요하다. 그런데 우리 교육 활동에는 피드백보다는 평가가 많다. 사실 평가도 학습자의 현재 상황을 정확히 파악하기 위한 진단적 기능을 할 수 있다. 그것을 교육학에서는 형성적formative 평가라고 하는데, 한국 교육계에서 그런 기능이 상대적으로 매우 약한 것이 현실이다.

그렇다면 시험은 어떤 역할을 하는가? 석차를 내는 데 활용된다. 선발 기능을 하는 것이다. 그렇다면 피드백으로서 시험은 어떤가? 피드백은 빨리 주는 것이 좋은데, 시험과 시험성적은 배운 시점으로부터 최소 일주일, 길면 한두 달 후에 받는 경우가 흔하다. 피드백은 세세한 것이 좋은데, 시험은 세세하게 어디에서 틀렸는지 잘 알려주지 않는다. 마지막으로, 피드백은 부정적인 감정을 일으키지 않는 것이 좋은데, 시험 생각만 해도 손에 땀이 나는 사람들이 많다. 그래서 드앤은 성적은 피드백의 방법으로는 아주 형편없는 것이라 말한다.[12]

홈스쿨링과 언스쿨링은 이런 시험을 최소화하고 학습자가 자신의 주변에서 피드백을 구할 수 있는 환경을 더 수월하게 형성할 수 있다. 그리고 이런 피드백이 가능한 조건에서 선생이 1:1의 관심을 주고 학습자가 그때그때 표현하는 관심사와 질문에 반응할 수 있다. 그 여유와 자유가 기존의 교실에서는 중요하게 실천되지 않는 사이에, 자기주도 교육방식은 그것들을 적극적으로 실천 중이다. 그것이 미래를 더 잘 준비하게 도와준다.

1부의 제목이 "자기주도 교육이 왜 필요한가"이다. 왜 학교 없는 교육에 주목해야 하느냐는 얘기다. 그 이유를 이해하고자 지금까지 현재 우리 교육을 진단했다. 지금은 학습자들의 고통은 많고 교육적 성취는 오히려 적은 상태다. 그사이에 한국 사회의 기술과 경제적 환경이 많이 달라졌다. 이 달라진 조건들에 적극적으로 대응하는 이들로부터 우리가 배워야 할 지점이 있다. 그 핵심 가치는 다름 아닌 아이들의 행복이다. 언스쿨링은 지금 행복하게 살면서도 미래를 대비하고 준비할 수 있는 교육방법이다.

그것을 가능하게 하는 학습본능과 교육적 원

리를 3장에서 짧게 다루었지만, 도대체 어떤 교육 방법을 통해 그게 가능하다는 것인지 아직 충분히 납득되지 않은 독자도 많을 것이다. 지금까지는 미래교육의 방법으로서 자기주도 교육에 희망을 걸어보거나 최소한 주목해야 할 만한 이유를 살펴보았다. 2부에서는 좀 더 체계적으로 그 교육 방법의 특징에 대해서 논의할 것이다. 즉, 지금까지는 사회적인 차원의 필요성에 초점을 맞춘 논의였다면, 2부는 좀 더 교육학적인 논의를 이어갈 것이다.

Special Section
성인이 된 자기주도 학습자 1

한지훈(만 20세), 한지오(만 18세)

인터뷰 참여자에 대해서

이 책의 각 부 사이에는 세 편의 인터뷰가 실려 있다. 각 인터뷰를 꼼꼼히 읽으면 자연스럽게 드러나기는 하지만, 미리 알고 접근했을 때 이해와 해석에 도움이 될 수 있는 참여자 정보가 한 가지 있다. 홈스쿨링과 언스쿨링을 시도하는 사람들은 공식적인 통계가 있지는 않지만 흔히 기독교인과 비기독교인으로 나뉜다고 할 수 있을 정도로 기독교 가정이 많은 편이다. 게다가 그 가정들이 크고 작은 네트워크로 연결된 정도도 높다. 인터뷰에 참여한 두 가정은 기독교 신자들이고 두 번째로 등장하는 이는 비기독교인이다. 첫 번째 가정은 기독교 네트워크와 깊이 연결되어 있는 편이고, 세 번째 가정은 그 정도가 상대적으로 약하다. 첫 번째 인터뷰는 부모와 자녀들이 모두 참여했고, 세 번째 인터뷰는 주로 학습자의 아버지와 대화했다. 두 번째는 성인 당사자와 인터뷰했다.

우리가 처음 만나볼 성인이 된 자기주도 학습자들은 형제인 한지훈(2005년생) 씨와 한지오(2007년생) 씨이다. 그들과 한기영·노경미 부부가 살고 있는 용인을 찾았다. 부부에게는 2011년생 셋째 아들 지윤 군도 있지만, 초등 및 중등교육 시기를 통과한 두 학습자의 사례에 초점을 맞춘 대화를 나누었다. 부부는 어린이집과 유치원을 포함하여 한 번도 기관에 자녀를 보낸 적 없이 아들 셋을 양육하고 있다. 많이들 놀라는 지점이다. 기독교 홈스쿨링 가정에서는 종종 볼 수 있는 것처럼, 그들도 자신들의 홈스쿨링에 이름을 붙였다. 우선, '조이풀Joyful' 홈스쿨링이라는 이름을 고른 연유부터 물었다.

"한국의 교육이라는 것이 사실 경쟁이 되게 심하잖아요. 그 경쟁이 유익한 점도 있지만 소모적인 부분도 있고, 무엇보다 행복하지 않은 아이들을" 보게 된 것이 중요한 계기였다고 노경미 씨가 말했다. "우리 아이들은 그런 불필요한 경쟁에 들어가기보다는 공부하는 것도 기쁨으로 하면 참 좋겠다, 행복했으면 좋겠다. 이런 마음에서 짓게 된 것도 있고, 종교적인 이유도 있습니다."

그렇게 시작한 홈스쿨링의 초점이 된 것은 문해력과 디지털 리터러시였다. 근래에는 홈스쿨링 부모들도 디지털 기기에 마음이 많이 열렸지만, 예전에는 그런 기기의 사용을 제한하는 쪽으로 방향을 잡는 가정이 많았다. 이 가족은 자신들은 그 과도기적인 존재라고 스스로를 자리매김했다. 첫째 아들이 학령기에 들어서기 전부터 가정 보육을 했던 사례답게 홈스쿨링계라고 할 세계의 오랜 흐름을 파악하고 있다는 인상을 받았다.

이 가정의 문해력 교육은 고전교육이라는 이름의 홈스쿨링 방법을 충실히 따르고 있다. 이 교육법은 아동과 청소년의 인지적 발달 단계에 맞추어 세 단계에 따라서 가이드하는 방식이다. 그 셋이란 사실을 외우는 시기, 이유를 파악하는 시기, 자신의 생각을 전달하는 시기인데, 그 방법론에서 문법Grammar, 논리Logic, 그리고 수사Rhetoric의 단계라고 부른다. 그 과정을 실천하기 위해 독서지도사 공부까지 한 노경미 씨는 책만 가지고 했으면 어려웠을 것이라 말했다. 그때 도움이 된 것이 '플라톤 아카데미나 EBS 클래스'와 K-MOOC 등의 온라인 자료들이었다. 대부분 무료인 이런 자료들을 통해 "당대 탁월한 강사님들"을 만나 설명을 들으니 "애들이 너무 좋아했"다고 전한다.

이런 설명을 들으면 이 가정은 해당 방법에 대한 매우 깊은 확신을 갖추고서 시작한 듯도 보인다. 그러나 오히려 1~2년 경험이 쌓이고 나서 더 확신을 갖게 되었다고 그는 말했다. "정말 이런 좋은 책들을 읽고 글을 쓰는 것이 사람의 어떤 사유를 깊게 하는 데 진짜 효과가 있구나"를 피부로 느낀 것이다.

그들의 교육은 분명 부모가 주도하는 홈스쿨링의 면이 있지만, 모든 면에서 그랬던 것은 아니다. 대략 오전이 그런 시간이라면, 오후는 아이들이 자유롭게 시간을 보내며 많이 놀고 동시에 자기 관심사를 좇는 시간이었다. 첫째 아들은 그렇게 찾은 관심사가 음악이었다. 10살 때 취미로 시작한 피아노가 대학 전공이 되었다. 그는 잠시 지휘에도 관심을 기울이다가, 고등학생 시기부터는 현실적이고 전략적인 고려를 하면서 피아노에 집중했다고 한다.

명지대 피아노과 24학번인 그는 현재 대학 2학년 생활을 보내고 있다. 자신이 겪은 집에서의 교육 경험과 경력이 대학에서 빛을 발하고 있음을 느낀다. 그는 1학년 때 "레포트 쓰고 발표하는 수업"을 많이 어려워하는 동기들을 많이 보면서, 자신이 남들보다 글쓰기 연습이 되어 있다는 것을 체감했다. 뿐만 아니라 배경 지식의 깊이 역시 다른 학생들과 차이를 보였다. 자유롭게 "음악에 빠져 있었"던 시기에 읽었던 음악사 등에 대한 책들이 대학의 커리큘럼을 따라가는 데 도움이 되었던 것이다. 덕분에 동기들로부터 "너는 이거 어떻게 아냐?"라는 소리를 많이 들었다는 지훈 씨는 사실

학과에 예비 합격자로 입학했다. 그러나 대학의 과정을 어느 누구 못지않게 잘 소화하고 있는 셈이다. 두 학기 연속으로 성적 장학금을 받은 것이 하나의 증거이다.

학술적인 면만이 아니다. 흔히 홈스쿨러들은 사회성에 대해서 의심을 많이 받는데, 지훈 씨는 대학에 가서 자신이 "사회생활 만렙"임을 깨달았다고 한다. 음악 전공의 특성상 공연을 많이 올려야 하는데, 그 과정에서 스태프로 참여해서 일손을 보태는 데 생각보다 적극적이지 않은 사람들이 많은 것이다. "일부러 그런 거 있을 때마다 자진해서 하고 그러면서 선배들과도 좋은 관계를 쌓고 교수님들하고도 관계 쌓고" 있다고 그는 말한다. 현재의 20대들은 높은 개인 역량을 갖고 있는 반면 팀워크 능력이 낮다는 평이 많다. 오히려 학교 밖에서 자란 이들이 팀을 위해서 기여하기를 주저하지 않을지도 모르겠다는 생각을 해보게 만드는 사례다.

지훈 씨가 아동 청소년기에 누린 교우 관계는 주로 기독교계의 홈스쿨러 네트워크에서 쌓인 것들이었다. 특히 자신의 관심 분야인 음악 활동을 위해 홈스쿨러 자녀들을 대상으로 한 오케스트라 등에서 친구들을 사귀었다. 안타까운 점은 코로나 팬데믹 이후에 그런 기회가 줄어든 것이다. 그래서 지훈 씨는 사람들 속에서 동기부여도 받고 연습도 같이하는 것에 대한 갈증을 느끼고 그 소중함을 알게 되었다고 말한다. "그래서, 대학 가서 좋습니다"라고 말하는 그의 얼굴 표정에서 대학 생활과 그 이후에 대한 기대감을 읽을 수 있었다.

둘째 아들 한지오 씨는 앞서 얘기한 고전교육과 문해 교육의 효과를 부모에게 더 크게 느끼게 해준 경우다. 부모가 기억하기에 어렸을 때부터 책을 좋아했던 첫째에 비해서 그는 "책도 잘 안 읽"는 아이였다. "홈스쿨 하기 전부터 큰아이는 책을 엄청나게 읽었는데 얘는 책을 별로 좋아하질 않았어요. 그래서 책 읽기를 얘 때문에 한 면도 있어요." 경미 씨는 아주 솔직한 속내를 털어놓았다. 그런데 부모가 주안점을 두었던 두 번째 포인트인 데이터 리터러시 교육이 특히 빛을 발한 것이 둘째 아들이었다.

문해 교육을 엄마가 주도했다면 이 부분은 아빠가 주도했다. 대학에서 기계공학을 전공한 그는 회사에서 데이터 관련 일을 맡게 되었다. 빅데이터와 AI 얘기가 나오던 2010년대에 이미 데이터베이스를 관리하는 일을 10년 이상 했던 그였다. 회사의 빅데이터 분석팀을 만드는 데 팀장으로 참여한 경험을 살려, 지금은 회사를 차려 그런 일을 쭉 해오고 있다.

아빠가 전문가라고 해서 수업을 열어 아이를 가르치는 방식은 아니었다. 여느 아이들처럼 게임하는 데 관심을 보이는 아이들에게, 그는 게임을 하는 것보다 만드는 것이 재밌을 수 있다며 아이들을 "꼬셨다." 그렇게 스크래치*의 세계에 아이들이 발을 들였다. "한동안은 아이들이 그거 가지고 게임 만드는 데 빠져가지고, 게임 열심히 만들고 이렇게 공유하고 또 그 스크래치 안에서 세계의 다른 아이들과 소통하고" 지낸 것이 팬데믹 전후 3년여의 시간들이었다.

---

*   MIT 미디어랩에서 아동 대상으로 만든 프로그래밍 언어.

한지운, 한지오 씨의 가족사진

이런 경험들에 대한 묘사에서 눈에 띄는 것은 가족이 함께하는 문화였다. 자녀들은 〈반지의 제왕〉과 그다음 영화인 〈호빗〉 사이의 이야기를 게임으로 만든다든지, 이야기의 빈 부분을 채우는 소설을 쓰기도 하면서 서로와 공유했고 들어주었다. 물론 이런 교육적 기회들에 더 크게 반응하는 자녀가 있고 조금만 하는 자녀도 있었다. 둘째와 셋째가 전자이고 첫째가 후자였다. 즉, 가족 전체의 교육적인 문화가 있으면서도, 각자의 취향과 관심사가 자연스레 반영되어 있음을 느낄 수 있었다.

둘째 아들 지오 씨의 데이터 관련 경험은 2023년에 질적 성장을 겪는다. 과학기술정보통신부에서 주최하는 2023 데이터 분석 경진대회(빅콘테스트)의 청소년부에 참여하여 최우수상을 받은 것이다. 그는 "예술의 전당 사전 예매율 예측"이라는 발표를 했는데, 물론 데이터 분석의 경험도 그렇지만 "압박감을 받는 상황에서 질문에 답하고 준비"하는 연습이 좋았다고 돌아보았다. 고전교육에서도 발표와 글쓰기를 할 기회가 있지만, 그러한 집에서의 연습을 넘어 "공식적"인 실전이 자신의 실력을 올릴 기회가 되었다고 그는 되짚었다.

그 경력을 살려 24년 가을학기에 태재대에 입학하여 1학년 과정을 막 마친 그는 25년 가을에는 미국에서 살면서 수업을 이수할 예정이다. 데이터 분석 및 AI를 전공할 예정인 그는 지난가을과 봄, 기숙사 생활을 만끽했다. 온라인으로 수업을 많이 하는 학교의 특성상 "기숙사에 있으면 서로 얼굴 볼 일도 많아지고 그런 점이 좋았던 것 같아요"라 말하는 그는 외향형 학습자다. 고등교육계에 혁신 사례인 태재대학은 워낙 다른 길을 표방한 곳이고, 말하자면 평균적이지 않은 학생들이 많이 입학하기에 홈스쿨러 출신이라고 별스럽게 보지 않는다는 점도 좋다고 했다. 오히려 담담하게 자신과 공통 분모를 갖고 있는 홈스쿨러 출신들을 발견하고 기억하며 아주 자연스러운 대학 생활의 일부를 겪고 있는 그였다.

태재대에서는 모든 수업을 영어로 하기 때문에 영어를 잘 활용하고 있는지 물었다. 이 대학에는 아직 영어 능력이 부족한 학생을 위해 추가로 제공하는 영어 수업이 있는데, 그것을 들을 필요가 없을 정도라고 했다. 부모는 그것 역시 문해 교육의 덕으로 공을 돌렸다. 재밌어할 만한 책과 영화를 활용하여 "공부로 받아들"일 필요 없이 "삶으로 받아들일 수 있도록" 하고자 했던 게 통했던 것이다. 여기서 부모가 교육적인 문화를 만들고 또 대화를 통해 "꼬시는" 것이 잘 작동했음을 확인할 수 있었다. 결국 그것이 부모가 할 수 있는 전부 아닐까. 그런 노력이 정확히 언제 누구에게서 교육 효과로 활짝 만개할지는 누구도 모르는 것이니까.

오랜 시간 홈스쿨링 가정을 꾸려온 부부는 이제 초기에 비해서 다른 교육적 방식에도 마음을 더 열게 되었다고 말한다. 학교를 가든 무엇을 하든 하나만 정답이고 다른 것은 오답인 것은 아니라는 결론을 내린 그들이다. 다만, 그들은 홈스쿨링을 했기에 "자녀들이 자기의 삶을 오픈하고 꿈을 오픈하고 부모와 모든 것이 연결돼 있다"고 여기는 점은 분명한 차별점이라 생각한다. "부부 간에도 이러한 어떤 공통의 주제들을 수십 년간 계속 공유함으로써 부부 간에 갖게 된 그 유대감 그리고 자녀들과도 함께 가고 있다는 그 유대감"이 남다르다는 것이다. 짧은 시간 이 가정을 만나보았지만, 오랜 시간 쌓아온 관계가 분명 탄탄해 보였다. 교육은 결국 그것 위에 쌓는 건물이지 않을까 생각하며 이 홈스쿨링 가정과의 만남을 마무리했다.

2부

자기주도 교육이란 무엇인가

(4장)
학교 없는 교육
: 학교와 어떻게 다른가

　언스쿨링은 학교가 아닌 교육방식이다. 많은 이들에게 '교육=학교'라는 공식이 여전히 자연스럽기에, 이 말이 낯설게 느껴질 것이다. 서울대 교육학과 명예교수 조용환은 우리에게 너무 익숙한 학교 교육을 제도적 차원에서 문제 제기한다.

　나는 우리나라에 학교 제도가 있을 뿐 진정한 의미의 교육제도가 없다고 생각한다. 교육은 학교보다 훨씬 더 상위의 포괄적인 개념이다. 교육의 관점에서 학교는 한 가지 선택지에 불과하다. 그럼에도 우리는 '의무취학'을 '의무교육'과 혼동할 만큼 학교를 교육과 동일시하는 문화에 젖어 있다. 교육의 관점에서 학교와 홈스쿨, 학원,

박물관, 공연장, 대중매체, 가정, 직장, 시장, 길거리는 모두 다 소중한 교육의 장이다. 그러므로 국가의 교육제도는 이 모든 곳에서 참다운 교육이 이루어질 수 있도록 보살피고 뒷받침해야 한다.[1]

이렇게 학교는 국가적 제도일 뿐만 아니라 아주 많은 사람들에게 공기와도 같이 익숙한 것이다. 즉, 우리의 문화가 뒷받침해 주는 상식이라는 뜻이다. 그래서 곧바로 자기주도 교육 자체에 초점을 맞춰 설명하는 것은 다소 불친절한 접근일 것이다. 따라서 그에 앞서서 학교 방식의 교육과 비교를 통해서 차근차근 알아보려고 한다.

언스쿨링과 학교 교육의 세 가지 차이

언스쿨링이 학교 교육과 어떤 차이가 있는지, 세 가지 요소에 초점을 맞추어 설명할 수 있다. 교육과정curriculum, 집단생활, 그리고 평가와 피드백이라는 차원에 현미경을 갖다 대듯이 따져보는 것이다. 우선 커리큘럼(교육과정) 문제는 학교에서 받는 교육과 언스쿨링이라는 교육방법 사이의 가장 핵심적인 차이다. '미리 정해진 커리큘럼'이 있느냐 없느냐 하는 것이다. 간단하게 설명하면, 커리큘럼 또는 교육과정이란 몇 학년이 되면 어떤 과목을 배우고, 할당된 수업시간은 몇 시간이다 하는 실행계획을 가리킨다.

학교 교육의 많은 특징들이 이 커리큘럼을 만들고 보급하고 시행하는 과정에서 나온다. 수많은 교육학자, 교육행정가, 교사의 활동이 이를 중심으로 돌아간다. 우리나라처럼 중앙집권적인 사회에서는 국가가 그것을 정하고 교사를 고용하여 커리큘럼의 내용을 전파한다. 커리큘럼의 최대 장점이 넓게 보급하기 좋다는 것이기 때문에, 이러한 국가 중심의 교육체제에서 큰 효과를 발휘한다. 같은 프로그램을 여러 학교에서 재생산하기 좋고 그 커리큘럼을 일선에서 집행할 전달자(선생님)들을 생산하는 것도 산업화된 사회에서 매우 자동화된 방식으로 할 수 있다(교대/사범대-국가고시). 어떻게 한 사회의 교육을 구성하고 제공할 것인가라는 질문을 고민하기 시작하면, 이것은 꽤 효율적인 방식인 것이다.

그러나 문제는 정해진 커리큘럼을 가지고 여러 학생들을 가르치다 보면 이것이 국가적으로는 꽤 효과적인 방식일지 몰라도, 상당수 개별 학생들에게는 매우 효용이 떨어진다는 것이다. 학생들의 자질과 관심사 등이 모두 다 다른데 그것을 반영하기가 너무 어렵다. 특히, 그 시스템에서 교육을 도모하는 학습자들 대부분은 어느 정도, 어떤 이들은 매우 강한 정도로 수동성을 키우게 된다. 다만, 절대 다수의 사람들이 그 과정을 통과하기 때문에, 커리큘럼을 당연한 것으로 받아들이고 문제로 인식하지 않을 따름이다.

그와 달리 언스쿨러들은 미리 정해진 커리큘럼이 아니라 자신의 관심사에 집중한다. 학습자는 호기심을 좇아 읽고 듣고 보고 그림을 그리고 쓰고 만든다. 주변의 어른은 학습자가 적절한 교구나 교재 등을 찾도록 도움을 주고, 질문에 가능한 최선을 다해 답하고, 또 집 밖으로 나가야 할 때 함께하는 역할을 맡는다. 그렇다. 마치 만 3세에서 5세의 아이들이 배우는 방식을 좀 더 복잡한 과업에 적용하며 계속해서 세상을 배워나가는 것이다. 그것이 자기주도의 교육이다.

그렇게 배워나가는 과정의 결과물로서의 교육 내용은 있으나, 미리 정해진 그리고 따라가야만 하는 과정으로서의 커리큘럼이 없는 것이다. 그것이 언스쿨링과 학교 교육schooling의 교육방법에 있어서 가장 큰 차이이다.

두 번째는 아동 청소년의 시공간 및 인간관계와 관련이 있다. 학생이 되어 학교에 가면 '반'이라는 형태로 집단생활을 해야 하지만 언스쿨링이나 홈스쿨링을 하면 그렇지 않다. 언스쿨러들은 집단에 소속되어 활동하는 것을 훨씬 의도적이고 선택적으로 할 수 있다.

대다수의 성인들이 크고 작은 집단의 구성원으로서 많은 시간을 보내고 협동 작업을 한다는 점을 고려하면, 아이들에게 집단생활의 경험은 필수적이다. 학교 교육은 그런 경험을 제공해 줄 수 있다. 그러나 그것을 하는 데 12년 혹은 유치원을 포함해 13년이나 필요할까? 베스트셀러였던 책 『내가 정말 알아야 할 모든 것은 유치원에서 배웠다』를 떠올려보자. 그 책이 큰 반향을 일으켰던 이유 중 하나는 사회의, 단체의 구성원으로서 사람들이 지켜야 할 것들을 우리는 사실 유치원 다니는 시기 전후에 다 배웠다는 넓게 공유된 깨달음 때문이다. 누군가 말하면 듣고, 말하기 전에 손을 들고, 믿을 만한 어른의 지시사항을 빠르고 묵묵히 따르고, 안전하고 솔직하게 행동하는 것과 같은 것들 말이다. 이것만 습득하고 실천할 수 있으면 이른바 '사회성'을 기르는 교육의 기본은 거의 다 마친 것이 아닐까?

그렇다면 아이들이 그런 규칙을 배운 뒤에는, 아니면 최소한 그런 규칙들이 있다는 것을 깨우친 후에는 '반'이라는 집단, 교실이라는 공간에서 무슨 일이 더 벌어질까? 거기에 속한 모두에게 또래집단에서의 적응과 생존이라는 문제가 주어진다. 그 문제 해결의 과정에서 많은 이들은 우정을 쌓는 경험도 하지만, 또 매우 부정적인 경험도 하게 된다. 부정적인 경험이 무엇인지는, 각자 예전에 자신이 참여했던 혹은 목격했던 상황들을 떠올리면 될 것이다. 그리고 그것이 너무 오래되어서 기억나지 않거나 혹은 기억하고 싶지 않다면, 학교 폭력이나 괴롭힘 관련 뉴스들을 떠올려도 될 것이다. 자신이 주요 피해자나 가해자가 되지는 않았더라도 방관자였던 기억조차 없는 이들은 오히려 드물 것이다. 그것을 떠올리려는 의지가 없는 이가 아니라면 말이다.

홈스쿨러와 언스쿨러들은 이러한 반에 소속되지 않고, 자신이 선택한 집단생활을 할 수 있다. 그래서 어떤 것은 좀 짧게, 어떤 것은 좀 길게, 어떤 때는 꽤 작은 집단에, 또 다른 때는 꽤 큰 집단에 참여할 수 있다. 이는 20대 이후 실제 '사회'에서 우리가 겪는 일과 가장 유사한 상황에서 집단을 경험하는 것과 같다. 다만 그런 집단을 스스로 혹은 어른의 도움으로 찾아가야 한다는 것은 다른 학습 과업들에 추가되는 일이 될 수 있다. 대신 집단의 일원이 되는 데 자신의 의사가 크게 반영되기에, 더 책임감 있게 접근할 수 있는 조건이 마련된다.

마지막으로 다시 교육방법의 차원으로 돌아가자. '평가와 피드백' 문제다. 간단하게 말해 '시험' 얘기라고도 할 수 있겠다. 학교 교육은 피드백은 적고 평가가 많은 방식이며, 언스쿨링은 상대적으로 피드백이 많고 평가가 적은 교육방식이다. 무슨 차이일까?

우리가 정말로 무언가를 배우고 습득해 나가는 데 시험은 반드시 필요하지 않다. 내가 방금 배운 것을 확실히 아는지 모르는지 다른 사람에게 설명을 한다든지, 글을 쓴다든지 하는 방식으로 스스로를 '시험'해 볼 수는 있겠다. 그러나 우리가 보통 학교에서 보는 '시험'의 가장 핵심적인 기능은 그게 아니다. 특히 한국에서 시험은 석차를 내는 기능을 주목적으로 한다. 물론 학생들이 무엇을 알고 무엇을 모르는지 파악하는 용도로 시험을 활용할 수도 있다. 그렇게 파악된 내용을 학생들을 다시 가르치는 데 반영하는 것이다. 그것을 형성적 평가formative evaluation라고 한다. 그러나 다시 말하지만 우리가 학교에서 시험을 사용하는 주목적은 안타깝게도 그렇지가 않다. 선발 기능에 복무하는 역할이 크다.

수능 모의고사, 중간고사, 기말고사 등 학교에

시험은 많은데, 피드백은 적다. 피드백이란 무엇이 잘 되었고 무엇이 잘 안 되었는지 학습자에게 알려주는 것을 말한다. 성적이 그런 기능을 아주 약간 할 수 있지만, 뇌과학자 드앤Dehaene의 말대로 성적은 피드백의 방법으로는 형편없는 것이다. 학습 시기로부터 멀리 떨어져 있고, 세세하지 않고, 부정적인 감정을 자주 동반하는 것이 시험이다. 그런 특징들 하나하나가 피드백으로서는 아주 좋지 않거나 낮은 수준이라고 할 수 있다. 그래서 드앤은 그렇게 단언하는 것이다.

드앤의 설명에 따르면 오류를 빨리 알게 해주는 것error feedback은 효과적인 학습 과정에서 필수적이다. 배우는 과정에서 필연적으로 발생하는 실수에 대해서 불필요한 감정적 반응 없이, 빠르고 정확한 피드백을 주면 학습에 효과적이라는 것이다.[2] 다시 학교라는 상황을 생각해 보자. 선생과 학생이 일 대 다수의 상황에서는 이런 피드백을 잘 해주기가 어렵다. 개별 선생들이 아무리 애를 써도 어느 정도 수준 이상으로 해주기가 어려운 구조라는 얘기다. 대학에 오면 중고등학교에서

보다는 많이 나아지지만, 사실 그것도 충분치는 않다. 대체로 학생 수가 적어지는 고학년 수업이 되어야, 피드백을 주기적으로 혹은 일상적으로 할 수 있는 상황이 된다.

언스쿨링이나 홈스쿨링을 하게 되면 이런 피드백을 일상적으로 줄 수 있다. 피드백이란 대화 중에 자연스럽게 들어가는 것이기 때문이다. 물론 현실적으로 모든 부모와 주변의 어른들이 아이들에게 양질의 피드백을 주는 것은 아니다. 그러나 학습자와 주변의 사람들이 교류하는 상황이 피드백을 자연스럽게 포함할 수 있도록 구성되어 있다. 시간적으로 여유가 생기고, 성인이 적은 수의 아이들과 교류하는 환경이기 때문이다.

언스쿨링에서 상대적으로 적은 것은 평가이다. 아이의 학습 과정에 도우미 역할을 주로 맡는 부모는 평가 상황에서 부모-자식 관계가 우선되기에 '객관적이고 틀에 맞춘 평가'를 하기가 어렵다. 하지만 괜찮다. 평가는 피드백만큼 배움에 필수적인 요소가 아니기 때문이다. 그리고 언스쿨러들은 '평가' 문제에 매우 실용적으로 접근할 수 있다. 상급학교 진학 등의 이슈가 있을 때와 같이, 때때로 평가가 필요하다고 느끼면 다른 이, 혹은 기관을 찾아가서 평가를 받으면 되는 것이다. 그렇다면 그렇게 생긴 여유 시간에 언스쿨러는 어떻게 배우고 성장하는가?

미리 정해진 커리큘럼 없이 배우기

앞서 지적한 것처럼 커리큘럼 없이 배운다는 것이 언스쿨링의 교육방법으로서 가장 큰 특징이다. 그래서 '커리큘럼 없이 배우기'란 언스쿨링의 다른 말이라고도 할 수 있다. 다음에서 서술하는 내용은 그런 모습의 한 예시이다. '공교육이 미리 정해놓은 교육과정'에서 벗어나면, 교육과 배움이 어떻게 달라질 수 있는가.

커리큘럼 없이 배우면 배움이 좀 더 실제적이고 재미있어진다. 여기서 실제적이라는 것은 우리가 실제 삶에서 마주치는 일종의 탐구할 만한 주제의 모습들과 더 닮았다는 것이다. 보통은 '프로젝트형' 수업에 참가해야 경험할 수 있는 접근법이다. 그 접근법은 매우 자연스럽게 학제적이며 이슈 중심의 접근이기도 하다. 한 언스쿨러가 만 7~8세경에 했던 몇 가지 활동을 예로 들어 어떻게 두 가지 이상의 과목을 합쳐놓은 형식의 학습이 이루어지는지 살펴보자.

필리핀에서 어느 해에 겪은 폭풍을 묘사하는 그림을 그리는 경우, 이것은 세계지리, 과학(기후 및 날씨), 미술의 조합이다. 남한과 북한이 언제 어떻게 갈라졌고 둘이 어떻게 다른지, 약간의 설명을 첨가한 그림을 그렸다. 이 경우는 지리, 역사, 그리고 다시 미술의 조합이다. 또 다른 경우에는 역사와 문학의 조합인데, 미스터리/범죄를 해결하는 가상의 그룹에 이름을 짓고 그들의 역사를 썼다. 한국 현대사의 주요한 흐름을 약간 의식하면서, 그 그룹에게 몇 년에 무슨 일이 일어났는지 시간의 흐름에 따라 몇 장면을 그린 것이다. 마지막으로, 기후변화에 대응을 촉구하는 플래카드를 직접 그리고 쓰고, 그것을 가지고 시위에 참여하였다. 사회와 과학의 조합이다.

이렇듯 과목에 구애받지 않는 활동이 더 재미

있는 것은 두말할 나위가 없다. 그런데 우리는 왜 학교에서 과목별로 배울까? 그것은 과목별로 시간을 배정하고 그 과목별로 교사를 육성하는 것이 국가 교육 시스템의 입장에서 용이하기 때문이다. 학습자 입장에서는 그 과목들의 구분이 원래부터 중요한 것이 아닌 것이다. 물론, 그 구분이 아무 근거 없이 이루어진 것은 아니며 넓은 사회의 체계와 학문의 영역을 반영하는 것이지만, 학습자의 입장을 가장 우선에 두고 이루어진 것은 아니라는 뜻이다.

꼭 따라야 하는 미리 정해진 교육과정으로부터 조금만 자유로워지면 그런 구분에 큰 제약을 받지 않을 수 있다. 그리고 그런 방식이 훨씬 자연스러운 지적 프로젝트이며, 삶에서 마주치는 실제 이슈와 닮아 있다. 그래서 훨씬 재미있다. 작위적이지 않고, 교실 밖으로 나가면 의미 없어지는 그런 배움이 아니기 때문이다. 삶을 살면서 궁금해서 배우게 되기에, 실제적이고 재미가 있다.

커리큘럼 없이 배우는 방식의 두 번째 특징은 학습자가 자기 속도대로 배울 수 있다는 것이다.

학교에서는 커리큘럼을 집행하는 데에 있어서 그 대상으로 '평균적인' 아이를 상정해 놓고 그 아이에게 맞는 수준으로 가르치려 시도한다. 집단에 전달해야 하기 때문이다. 그런데 대부분의 아이들은 평균적이지 않다. 통계적으로 다른 지점들에 비해서 '평균' 가까이에 가장 많은 아이들이 모여 있을 뿐이다. 그래서 다른 '수준'에 비해서 평균 수준에 맞추는 것이 가장 '덜 비효율적'인 것일 따름이다. 말하자면 고육지책이지 상책이 아닌 것이다.

어떤 아이들은 빠르고 어떤 아이들은 느리다. 빠른 아이는 쉽게 지루해지고, 느린 아이들은 반대로 무기력을 배운다. 빠른 아이의 예시는 『준규네 홈스쿨』속 준규의 사례를 생각하면 된다. 요점은 간단히 이야기하고 실제로 적용해 보는 활동을 하는 게 적절한 학생에게 "같은 내용을 여러 번 길게 설명해주"는 학교 수업은 단지 견뎌내야 하는 지루한 것이었다.[3] 그렇게 만드는 근본 원인인 '집단적으로 적용하는 커리큘럼'에서 자유로워지면 개개인의 이해수준에 맞추어 배울 수 있다.

개별화의 효과가 아마도 가장 두드러지는 영

역 중 하나가 수학일 것이다. 사칙연산만 시켜봐도 알 수 있다. 많지는 않지만 어떤 아이는 만 5세만 되어도 곱셈을 배워도 될 정도로 빨리 발달하지만, 대부분의 아이들은 만 6세에 덧셈과 뺄셈도 쉽지 않다. 그런 아이들은 내면이 더 성숙하기를 기다렸다가 초등수학을 떼도 충분하다. 학교에 가지 않으면 시간이 넉넉하기 때문이다. 즉, 초등교육 6년 중에서 첫 3년은 수학을 거의 하지 않다가 나머지 3년간 평일 하루 30분씩 수학 공부를 하는 방식으로 충분히 그 과정을 소화할 수 있다.

학교에서라면 싫든 좋든 해야만 하는 영역에 시간을 쓰지 않거나 적게 쓰기 때문에, 그 시간을 이용해서 지금 재미를 느끼는 영역에 충분한 시간을 쓸 수 있다. 예를 들면, 사회나 과학에 대한 사실 위주로 상당량의 지식을 쌓고, 글짓기와 그림 그리기 등 표현 및 창작 활동을 많이 한다. 아이가 자신의 관심과 수준에 맞는 '과업'을 하고 있을 때 충분히 시간을 주고 방해하지 않는 것이다. 그런 '과업'은 초등 고학년 연령 정도가 되면 본격적으로 난이도와 복잡도가 올라갈 수 있다. 그런 과업을 감당할 시간적 여유가 있는 것이다. 하나의 예로, 컴퓨터 코딩이 있겠다.

지적 능력이란 다면적이고, 아이들마다 뛰어난 면과 약한 면이 있다.[4] 그리고 각 학술 영역별로 그것을 배우기에 적당한 정신적 능력 또는 성숙의 정도도 다르다. 그것들을 모두 평균적인 아이라고 가정하고 가르치는 커리큘럼 중심 교육에서 벗어나면, 두 가지 의미 모두에서 아이들은 자기 페이스대로 배울 수 있다. 자기에게 맞는 속도와 스케줄을 유지할 수 있다. 그래서 자신에게 아직 안 맞는 것은 그것을 받아들일 준비가 될 때까지 기다리면서, 지금 재미있게 소화할 수 있는 것에 충분한 시간을 쓸 수 있는 것이다.

커리큘럼 없이 배우기의 세 번째 특징은 불필요한 스트레스에서 해방된다는 것이다. 사실 두 번째에서 얘기한 자기 속도대로 배운다는 것도 이 얘기와 일맥상통한다. 즉, 배움을 자기 속도에 맞출 수 없을 때 받는 스트레스로부터 해방된다는 것이다. 그럼에도 이것을 독립적으로 논의하는 이유는, 시험과 평가라는 문제와 직결되기 때문이다.

무언가를 배우면서도 경쟁과 석차로부터 상당히 자유롭다는 점을 말하고자 함이다.

언스쿨링하는 사람들은 표준화된 시험 standardized test을 많이 보지 않는다. 그래서 그것이 주는 스트레스로부터 자유롭다. 경쟁과 석차가 없는 것이다. 시험이란 교사의 다음 강의 준비를 돕는 기능(형성적 평가)을 할 수도 있지만, 지금으로서는 대체로 석차를 내거나 '선발' 기능으로 주로 활용된다. 그런 시험은 학습자가 실제 배움 외적인 부분에서 크게 스트레스를 받게 한다. 또한 그 과정에서 '꽤 잘하는' 학습자들까지도 외적 동기에 너무 익숙해지게 만든다. 누군가가 상을 주거나 벌을 주기 때문에 움직이는 방식 말이다.

경쟁과 석차에서 학습자를 해방시켜 주는 것은 일반적으로 그 경쟁에서 중/하위권에 이르는 사람들에게 좋은 방식이라고 느낄 수 있다. 그런데 상위권에 있는 이들에게도 이것은 해방이다. 상위권 학습자라고 하더라도 그 안에서의 비교로 인해 패배주의를 갖는 이들이 꽤 많고, 정말 상위권 중의 상위권이 되어도 배움과 성장을 그대로 만끽

하지 못하는 이들이 많기 때문이다. 외적 동기에 익숙해지면 외적 자극 없이는 배우려는 의지가 생기지 않을 수 있다.

그렇다면 언스쿨러나 홈스쿨러는 평가를 전혀 안 하는가? 그런 것은 아니다. 주변의 어른이, 그리고 스스로가 서술형narrative으로 특정 기간의 배움에 대해서 평가해 볼 수 있다. 말하자면 '세특'(생활기록부의 세부사항 및 특기사항)을 보호자나 다른 어른 그리고 학습자 스스로가 쓰는 것이다. 그런 것이 학습자의 성장을 보여주는 아주 의미 있는 자료가 될 수 있다. 검정고시라는 평가도 있다. 검정고시가 필요할 때는 언스쿨러와 홈스쿨러들도 준비를 한다. 스스로 배우는 습관이 형성된 학습자에게 검정고시는 그다지 어렵지 않은 과업이다.

이렇게 언스쿨링 가정의 교육 생활상을 공유하고 보니 어떤 비판이 들려오는 듯하다. 어차피 사회가 경쟁적인데 교육이라고 별 수 있느냐는 반문이다. 물론 그런 부분도 있다. 게다가 때때로 경쟁은 좋은 도구가 되기도 한다. 최선을 다하게 만들기 때문이다. 누가 한국의 발전 과정에 교육이 지금까지 해온 기여를 무시할 수 있을까? 경쟁에서 지는 이들은 알아서 하라고 내버려두고 잘하는 이들을 어떻게든 생산해 내는 그 체제가 내놓은 성과들이 분명 있다.

그러나 대부분의 경쟁은 교육적이지 않다. 1등부터 꼴등까지 순서를 매기는 일이 많아지면 많아질수록 아이들까지도 그 등수에 자신의 가치를 매기는 데 익숙해진다. 그 현상이 이제는 너무 익숙해서 대부분의 사람들이 문제를 못 느끼는 것 같다. 그러나 우리는 아이들의 성장과정에서 경쟁을 최소화할 필요가 있다. 대부분의 경쟁이 교육적이지 않을 뿐만 아니라, 대부분의 배움은 경쟁적이지 않기 때문이다. 배움은 올림픽이 아니다. 굳이 비유하자면 배움은 각자 큰 산을 오르는 것과 더 비슷하다. 올라가는 길도 다를 수 있고, 각자의 속도로 올라가면 된다. 커리큘럼에서 조금만 자유로워지면 그것을 훨씬 더 수월하게 할 수 있다.

비교를 마무리하며: 혁명에 대해

언스쿨링 또는 자기주도 교육은 혁명을 일으킬 수 있는 교육사상이다. 혁명 중에서도 그 품이 넓은 것, 즉 정치적 혁명을 넘어서는 사회 혁명을 지금 이야기하는 것이다. 이 교육사상이자 교육방법은 공교육과 크게 대비되고, 심지어 대안학교의 교육과도 얼마간 다르다.

위 세 가지 교육방식은 모두 사회적 단위에서 '다음 세대'의 교육을 어떻게 할 것인가, 학생들이 무엇을 배우는가에 대한 다양한 접근법이기도 하다. 얼마 전 작고한 홍세화 선생은 공교육과 대안교육에 대해서 이런 취지의 코멘트를 한 것으로 알려져 있다. 공교육은 그 시대를 지배하는 이데올로기를 학생들에게 주입하고, 대안학교는 대안적인 이데올로기를 학생들에게 주입한다는 것이다. 그에 대비해서 자기주도 교육은 학습자들이 새로운 이데올로기를 만들도록 한다. 물론 사회의 지배적인 이데올로기와의 갈등, 협상, 조정 등의 과정을 거치기 때문에 '완전히' 새로운 것은 아니다. 그럼에도 불구하고, 여전히 학습자들이 만든 이데올로기인 것이다. 그래서 언스쿨링이 혁명적인 것이다. 언스쿨링은 세상을 새로 구성하는 정치적인 행위가 될 수 있다. 가장 넓은 의미의 정치를 말하는 것이다.

그러나 지금도 그리고 앞으로도 혁명은 한동안은 가능성일 뿐이다. 게다가 언스쿨러들과 언스쿨링 부모들은 개인으로서 반드시 주류 이데올로기와 어느 정도의 갈등을 겪을 수밖에 없지만, 사실 그들도 혁명에는 전혀 관심이 없을 수 있다. 이들 중 상당수는 자기 가정의 삶의 변화에만 관심 있어 보이기도 한다. 그래서 '사회 변화에 진심인' 어떤 이들은 그들을 가리켜 이기적이라고 할 수도 있다. 하지만 아이러니하게도 언스쿨링 교육혁명은 바로 그 점 때문에 상당히 가능성 있는 혁명이기도 하다. 이들의 혁명에서는 누군가의 희생이 아니라 각자 자신이 원하는 것을 얻고자 하는 욕구가 핵심적인 동력이다. 그런 동력이 커지면 혁명으로 발전할 가능성이 있다.

학교 교육과의 대조에서 사회적 함의까지 얘

기하다 보니 혁명의 가능성까지 논하게 되었다. 하지만 이것은 사회의 혁명에도 마음이 열려 있는 정치사회학자의 견해일 따름이고, 자기주도 교육, 혹은 언스쿨링은 우선적으로 교육철학이며 교육 방법이다. 모든 이들의 교육에 적용 가능한 아이디어다. 그 본연의 사상과 실천에 대해서 초점을 맞춘 논의가 필요하다. 5장에서는 그 사상의 역사와 학술적 연구 결과들을 소개한다.

(5장)
자기주도 교육의 역사와 이론

　언스쿨링은 학습자 중심의 교육사상이며 실천 방식이다. 즉, 언스쿨링은 교육철학이며 또한 교육방법이기도 하다. 철학이란 실제로 활용하는 이들이 거의 없어도 명맥을 유지할 수 있지만, 방법은 그것을 실천하는 이들이 있어야 의미가 있고 발전하는 영역이다. 그 두 가지의 차이는 자기주도 교육사상의 역사적 발전 과정을 뒤돌아보는 과정에서 자연스럽게 드러난다. 그 발전과정이란 산업화와 근대화 등의 사회적인 변동과정과 밀접하게 관련되어 있다.

　우리가 세계사를 돌아봤을 때 산업화된 나라들에서 학교 교육을 통해 한 사회의 교육을 국가적으로 구성하는 흐름이 시작된 것은 19세기의 일이다.[5] 20세기 전반부에 두 번의 세계대전을 치르면서 그 경향은 본격적이고 지속적으로 강화되었고, 학교가 아닌 방식의 교육방법은 대부분의 사회에서 비주류화되었다. 최소한 1960년대가 오기 전까지는 그러했다.

학교 교육이 근대화 과정의 주류라고 하지만, 발달 심리학자 피터 그레이Peter Gray는 심리학적이고 인류학적인 근거들을 가지고 무엇이 더 우리 인간에게 '자연스러운' 교육방식인지 반론을 제기한다. 그는 학교가 아닌 가정과 마을에서 아이들이 많은 시간을 보내며 어른들로부터 그리고 또래로부터 자연스럽게 배우고 성장하는 것은 인류의 오랜 습관과도 같은 교육방식이라고 말한다. 즉, 인류에게 더 익숙한 교육방식은 학교에서처럼 구조화되어 학년이 나누어지고 선생과 학생의 역할이 고정적으로 정해진 환경이 아니라, 학교 밖에서 학습자가 주도하면서 가정 및 지역 공동체가 함께 만들어가는 방식의 교육이라는 것이다.[6]

그러한 자기주도 교육의 사상이 역사적으로

각 시기마다 어떻게 변하고 발전했는가를 아주 세세하게 따져보는 것은 이 장의 목적이 아니다. 그러나 이 교육사상은 21세기에 갑자기 나타난 것이 아니다. 그 오래된 철학과 방법의 역사를 간략하게, 그러나 핵심을 놓치지 않고 훑어보자.

루소, 듀이, 그리고 홀트까지

현대 사회에서 그 사상이 본격적으로 실천되기 전부터 있었던 철학의 발전을 일별해 보자면, 빠질 수 없는 이가 두 명 있다. 19세기 전에는 장 자크 루소이고, 19세기 이후에는 존 듀이이다.[7] 18세기의 프랑스 사상가 루소는 당시 유럽에서 본격화되는 산업화와 도시화를 지켜보며 자연주의 철학을 발전시킨 이로 잘 알려져 있다. 그의 "자연으로 돌아가라!"는 메시지는 세계사상사의 한 장을 차지하고 있지 않은가.

그는 『에밀』 등에서 구조화되고 의무적인 교육방식이 가지고 올 폐해를 예고한 바 있다. 구조화되고 의무적인 방식, 그것이 학교 교육의 핵심적인 특징이다. 예외적인 경우가 아니라면 아이들은 때가 되면 모두 학교에 가야 하고 그것은 같은 때에 '집행'된다. 그것이 산업화와 근대화의 과정에서 주류의 방식이 되었다. 그리고 그것을 집행할 중앙집권적 국가는 경제력과 함께 행정력 및 군사력 등 모든 면에서 힘을 키웠다. 영국과 프랑스에 비해서 중앙집권적 국민국가의 출현이 늦었던 독일에서 근대적 의무교육 체제가 가장 먼저 자리 잡은 것에 일부 학자들이 주목하는 것도 그래서이다. 군대에서, 공장에서, 또 다른 곳에서 지휘하는 이들의 명령을 따를 '국민'을 만들어내는 데 효과적이었던 것이다.

한편, 그보다 조금 지난 시기의 북미 대륙에서는 존 듀이가 자신의 자기주도적 교육사상을 실천했다. 그의 사상은 실용주의와 경험주의로 대표되는데, 그의 교육사상은 '해보면서 배운다learn-by-doing'로 현재까지도 미국 등지에서 많이 실천되고 있는 학습에 대한 접근법이다. 그의 경험주의 중심 교육이 인지적 분야의 교육에서는 약점이 있다는 비판도 받지만, 학습자 중심의 교육철학이 어떻게 지금까지 전해 내려왔는지를 돌아볼 때 빠질 수 없는 인물이다.

그들의 철학을 실천하는 이들이 서구권에서 본격적으로 늘어난 것은 1960년대 이후이다. 2차 세계대전 이후의 부와 안정이 그것을 가능케 했다. 즉, 그런 실천이 개인주의와 부유함을 다른 어느 사회보다도 더 깊이 향유하던 미국 사회에서 특히 많이 나타나게 된 것은 우연이 아니다. 어떤 철학과 사상이든 사회 구조적 요소들의 변화로 인해 그것이 잘 받아들여질 국면이 있고 휴면기 같은 시기가 있기 때문이다. 경제적 기반과 개인주의 가치관이라는 조합은 홈스쿨링과 언스쿨링이 확산될 수 있는 구조적 요인이 되어주었다.

그러한 사회경제적 배경에 더해서 1960년대 미국은 정치와 문화적으로 큰 변동과 실험의 시기였다. 1950년대에 본격적으로 커진 민권운동Civil Rights Movement은 전미 사회를 뒤흔들었다. 그 여파가 크게 진동하던 1960년대에는 반전운동, 2기 페미니즘, 환경운동 등 거대한 사회적 의제들이 제도권과 비제도권 정치를 휩쓸었다. 그러한 시대적 상황이 전통적인 가정 중심 가치관 및 뿌리 깊은 개인주의의 토양을 갖고 있던 미국에서 학교 밖 교육을 실천하는 가정이 늘어나는 결과를 낳았다. 즉, 교육철학으로서만이 아니라 교육방법으로서의 언스쿨링과 홈스쿨링에 대해서 이해가 깊어질 기회들이 만들어졌다.

때를 맞추어 존 홀트John Holt 등의 교육자들은 학교를 통해서 아이들을 가르치는 방식에 심각한 문제를 제기하기 시작한다. 홀트의 여러 저작 중에 가장 핵심적이라 할 만한 책은 1967년 출간된 『아이들은 어떻게 배우는가How Children Learn』인데, 이 책에서 그는 특히 만 3세에서 9세 사이의 아동들이 말하기, 읽기, 쓰기, 연산, 예술, 신체활동을 선생 없이도 자기 주도적으로 잘 배우는 것에 대해 세세히 관찰한 결과를 제시한다. 그의 책은 그 지적인 기술들을 아이들에게 가르쳐야만 배울 수 있다는 상식을 갖고 있던 대중에게 큰 충격으로 다가왔다. 여세를 몰아서 여러 책과 교육잡지를 발간한 그는 언스쿨링 교육운동을 펼쳤으며, 미국의 홈스쿨링 인구가 느는 데 크게 기여했다.[8]

언스쿨링과 홈스쿨링의 사회과학

앞서 언급한 존 홀트의 책이 출간된 지 거의 60년이 흘렀다. 두 세대가 지나는 동안 사회적 경험이 누적되며 여러 실증 연구들이 쌓이고 있다. 대중적으로 가장 널리 주목을 받는 것은 아마도 홈스쿨링을 실천하는 학생들의 시험이나 입시 결과 및 대학에서의 성적 등으로 확인할 수 있는 학업적 성과에 대한 연구 결과라고 할 수 있겠다. 여러 학자들의 연구로 거듭 확인되는 것은 홈스쿨러들의 실적이 학교에서 교육을 받은 학습자들에 비해서 결코 뒤처지지 않고 오히려 나은 면을 보인다는 것이다.[9]

학업적 성과에 못지않게 많은 이들의 관심을 받는 부분은 아이들의 사회성이다. 아이들의 발달과 심리를 연구하는 여러 학자들이 이 문제에 대해서 연구를 했고, 2000년과 2013년 두 번에 걸쳐 리차드 메들린Richard Medlin은 그동안의 연구 결과를 검토하는 성격의 논문을 발표했다.[10] 첫 번째 논문이 80~90년대의 연구결과에 대한 검토라면, 두 번째 논문은 그 이후에 더 달라진 것이 없는지 확인하는 연구라고 할 수 있다.

2000년에 발표된 연구의 결론 부분을 길게 인용한다. "홈스쿨하는 아동들은 그들 커뮤니티에서 일상적인 활동에 참여한다. 그들은 분명 고립되어 있지 않고 다양한 사람과 교류하며 그들과 꽤 친근한 사이가 되기도 한다. 홈스쿨 부모들은 자신의 자녀들이 가정 밖의 다양한 사회적 기회들을 활용하도록 격려한다. 아이들은 사회생활에 필요한 행동의 규칙들과 신념 및 태도의 체계를 습득한다. 자존감도 있고 다른 아이들에 비해서 문제행동들도 덜 한다. 사회적으로 더 성숙하고 리더십 기술도 더 있는 것으로 보인다. 성인 사회의 일원으로서 효과적으로 기능하는 것으로 보이는 것이다."[11]

2013년의 연구는 궁극적으로 이 결과들을 다시금 확인하고 있으며, 앞으로는 그러한 결과가 나오기까지의 과정에 대한 연구가 더 필요하다고 말한다. 그 실마리는 2000년의 연구에서 이미 찾을 수 있다. 그가 인용한 스메들리Smedly(1992)와 갤러웨이Galloway(1998)의 지적인데, 학교 밖에 좀 더 자연스러운 사회가 있기 때문이다. 학교 안에서는 나이에 따라서 나눈 '부자연스러운' 사회에 적응해야 하지만, 대학에서부터는 그것이 느슨해지고 대학도 졸업하고 나면 다양한 나이의 사람들이 섞여 있는 상황이 훨씬 자연스러운 것이 된다. 그런 상황을 학교 밖 아이들은 일찍부터 자연스럽게 겪고 배워가는 것이다. 홈스쿨링의 사회과학은 사회성 면에서도 학업적인 면에서도 학교 밖에서 아이들이 더 나은 교육을 받았으면 받았지, 학교 안보다 못하지 않음을 분명하게 보여준다.

새로운 트렌드: 피터 그레이와 동료들

최근 20여 년 사이에는 좀 더 언스쿨링의 성격이 분명한 그룹에 대한 관심과 연구도 발전하고 있다. 특히 두 저널을 중심으로 학자 및 실천가들이 중요한 결과들을 보고하고 있다. 바로 〈언스쿨링과 대안학습 저널The Journal of Unschooling and

Alternative Learning〉과 〈다른 교육: 교육 대안 저널 Other Education: The Journal of Educational Alternatives〉이다.

가장 두드러진 연구 결과를 보여주는 이들은 피터 그레이와 그의 동료들이다. 의식적으로 언스쿨링을 지향하는 이들은 북미 지역의 홈스쿨링 그룹 내에서도 적은 비율이다. 그들은 전체 홈스쿨러 중 10% 정도로 예측한다. 그래서 그들의 생활상, 교육과정, 및 교육결과 등 전반적인 실증 연구가 아주 많지는 않다. 그런 가운데 그레이와 라일리Riley는 75명의 성인을 대상으로, 스스로 언스쿨링을 했던 그 시기를 평가하거나 그들의 대학 및 커리어에 대한 조사를 했다.[12] 최소 성인이 되기 전 고등학생 나이 때까지 2년 이상을 언스쿨링한 사람들에 대한 그 조사에서, 상당히 긍정적인 결과들이 확인되었다. 아직 대학생인 경우도 많고 나이가 많아야 30대인 그들이지만, 많은 이들이 직업이 있고 재정적으로 독립된 생활을 하고 있었다. 더불어, 그들은 예술, 사업(창업), 과학기술STEM 분야 등 자신이 선택한 커리어를 갖고 있었다. 물론, 자신의 언스쿨링 경험에 대해서 부정적인 의

견을 내는 응답자도 있었는데, 75명 중 3명이 그러했고, 그들은 사회적으로 고립되고 "가정생활이 원만하지 않았다dysfuctional families"고 보고했다.

실증 연구가 늘어나고는 있지만, 학습자들이 정말로 어떻게 배우고 성장하는지에 대한 부분 중 아직도 많은 부분이 블랙박스에 갇힌 듯 밝혀져 있지 않다. 그러나 그레이와 펠드만Feldman이 2004년에 〈미국교육학저널American Journal of Education〉에 발표한 논문은 한 가지 아주 중요한 부분을 조명해 내고 있다.[13] 우리가 연령통합이라 부르는 현상인데, 대안교육계가 아니면 관심조차 잘 갖지 않는 현상을 체계적으로 관찰한 것이다. 연령을 철저하게 구분하는 학교라는 시스템에서는 거의 완전히 잃어버린, 인류의 오래된 습관과도 같은 교육방식에 대한 조명이다. 해당 논문은 나이 차이가 4~5세 나는 아동과 청소년들이 교육적인 환경에서 어떻게 서로를 키우는지 보여준다. 아동이 청소년들의 도움을 받아 쉽게 하기 힘든 과업을 배우고 성취하며, 청소년은 도움을 주면서 더 책임감 있는 성원으로 자라는 것이다. 그러나 좀 더 많은 사례가 있는 미국에서도 교육방법으로서의 언스쿨링에 대해서는 앞으로 더 많은 연구가 필요한 상황이다.

그런 맥락에서 2023년에 출간된 숀펠드-캐런의 연구서는 드문 성취라 할 수 있다.[14] 이 책은 언스쿨링하는 아이의 부모들의 삶을 조명하고 있는데, "삶을 통해 배운다는 것learning-through-living"의 실제에 대한 세밀한 관찰과 해석이 특징적이다. 특히 비용과 편익costs and benefits, 이끌기와 따라가기leading and following, 부모하기와 가르치기parenting and teaching라는 세 가지 차원에 집중하며 각각의 차원을 구성하는 두 가지 면이 명확하게 구분되지 않음을 핵심적인 특징으로 설명하고 있다. 또한 실천의 과정에서 그것이 핵심적인 어려움이라는 것이다. 이 세 가지 차원에 대한 그의 설명을 따라가다 보면 독자는 학습자가 미리 정해진 커리큘럼을 따르지 않고 삶 속에서 배우는 방식이 실제로 어떻게 펼쳐질 수 있는지에 대해서 이해할 수 있다.

한국의 경우와 미래

한국의 경우는 90년대 후반부터 본격적으로 대안학교를 중심으로 대안교육계가 형성되었다.[15] 어떤 이들은 반쯤은 우스갯소리로 '86세대가 부모가 되더니 대안학교를 세운 것뿐이다'라고 그 의미를 깎아내리기도 한다. 하지만 90년대 초에 이르기까지 큰 틀에서 '다른 교육'을 상상하지 못한 한국 사회에서 대안교육계의 형성은 그동안의 경제와 정치 발전 위에 세운 큰 사회적 성취라고 할 수 있다.

앞서 학교 교육이 서구권에서도 근대화와 산업화의 중요한 일부분임을 살펴보았다. 추격형 산업화 과정의 일부로서 한국의 학교 교육은 1950년대부터 확산 일로였다. 그리고 그것은 국가 주도의 프로젝트라는 이유 때문만은 아니었다. '한국 교육이 왜 바뀌지 않는가?'라는 질문에 천착한 외국인 역사학자는 아래로부터의 특징, 즉 한국인들이 전반적으로 공유하고 있는 교육열에 주목하기도 한다. 즉, 보통의 부모들이 집단적으로 지닌 교육열이 교육적 성취를 위한 치열한 경쟁을 낳았고, 그 경쟁은 학교를 더 만들고 또 더 잘 알려진 대학으로 자녀들을 보내기 위해 경쟁하는 시스템을 낳고 유지하고 있다고 진단한다.[16]

90년대에 이르러서는 처음으로 그러한 거대한 흐름에 큰 반발이 생성된다. 60~70년대의 미국에서의 변화가 한국에서 80~90년대에 일어난 것이다. 90년대 자본주의의 성숙과 민주주의의 공고화를 겪으며 가능해진 것이다. 물론, 그 당시 우리의 정치경제는 신자유주의적 문제를 겪기도 했고 그 여파는 지금도 여전하다. 그럼에도 불구하고 그동안의 경제와 정치의 발전 위에서 새로운 교육적 시도를 하는 이들이 나타났고, 홈스쿨링 가정의 일부였다. 그러나 그 대안적 흐름도 대안학교를 중심으로 이루어지면서, 홈스쿨링은 학계에서 큰 주목을 받지는 못했다.

물론 홈스쿨링을 추구하는 가정의 사례가 대중매체 및 대중서를 통해서 보고되고 있다. 그러면서 언스쿨링을 의식적으로 추구하는 경우까지도 등장하고 있다. 그러나 학계의 연구는 여전히 부족한 실정이다. 그런 상황에서 예외적이고 놓칠 수 없는 연구가 김현숙과 정희영의 것이다. 두 사람은 1999년부터 2019년 8월까지 출간된 학술지 논문 43편과 석/박사 학위논문 39편을 분석하여 2020년에 발표한 바 있다.[17] 그들은 홈스쿨링이라는 교육 시도들에 대해서 다양한 연구방법이 활용되지 못하는 등 전반적으로 이 분야에 대한 연구가 아직도 '초기 단계'적 특성을 보이고 있다고 평가한다. 대체로 연구들이 사례 보고에 치우치는 수준인 것이다. 특히 두 연구자는 실제로 교육이 벌어지는 가정환경에 대한 분석이 한 편도 없다는 점을 지적했다.

그러한 점을 고려했을 때 2008년에 출간되고 2018년에 재판이 나온 서덕희의 『홈스쿨링을 만나다』는 드문 성취이다. 대략 2000년에서 2005년 사이에 연구를 진행하여 2006년에 발표된 박사 학위 논문에 바탕을 두고 있는 책인데, 홈스쿨링 가정에 대한 현상학적 참여 관찰 결과이다.[18] 그는 그 가정들에서 저마다 삶의 모습을 깊이 관찰하였다. 그리고 그것을 네 가지 차원에서 개념화하고 분류하며 해석하고 있다. 시간(여유와 불안), 공간(유목과 단절), 관계(초월과 고립) 및 활동(능동과 수동)이 그것이다. 각각의 차원에서 전자가 각 가정이 지향해야 할 바인 것은 당연하다. 그러나 교육방법으로서 모든 이가 그 방향을 잘 실천하는 것은 아니다. 이 책은 어떤 특성을 가진 가정이 각 차원을 더 잘 실천하는가 하는 실용적 함의까지 담아내고 있는 연구이다. 서덕희의 모범적인 사례 위에 성과를 쌓아올릴 더 많은 실증적인 연구가 필요한 상황이다. 그것이 학교 밖에서 주목받지 못한 실제 경험에 대해 우리 학계가 할 일이다.

대안학교의 위기를 진단하는 글들이 나온 지도 대략 10년은 된다.[19] 그렇다고 대안교육의 의미가 없어진 것이 아니다. 오히려 지금의 사회는 대안교육의 질적 성장을 요구하고 있다. 앞서 살펴본 바와 같이 현 교육이 지닌 여러 한계를 극복하기 위해서도, 팬데믹과 4차 산업혁명을 겪으며 더 필요를 느끼고 있는 창의성과 자발성에 기반한 교육을 하기 위해서도 우리 사회가 참고할 만한 우리 사회 구성원들의 중요한 교육적 경험에 더 주목해야 한다. 학교 밖 학습자들은 정말로 어떻게 성장하는지에 대한 교육학적인 연구를 말하는 것이다. 그러나 여러 연구를 검토한 논문이 앞에서 잘 지적한 대로 그 부분에 대한 학계 내외의 이해 수준은 아직도 초기 단계라 할 수 있다. 그래서 나는 지금까지의 관찰과 고민을 바탕으로 실증적인 연구가 늘어날 때 우리가 자기주도 교육에 대하여 시험해 볼 만한 가설들을 제시하고자 한다. 그것이 다음 장의 주제이다.

(6장)
언스쿨링의 특징: 다섯 가지 가설

　언스쿨링은 교육철학이기도 하고 교육방법이기도 하다. 자기주도 교육의 철학은 아이가 학령기이든 아니든, 학교에 다니든 다니지 않든 적용할 수 있다. 누군가는 그 철학의 정수를 더 잘 실천하고, 누군가는 별로 실천하지 못할 것이다. 누군가는 그 철학의 정수를 더 잘 실천하기에 좋은 환경에서 살고 있고, 누군가는 좀 더 힘든 환경에서 살고 있기도 할 것이다. 그러나 그런 조건과 관계없이 뜻하는 바가 있다면 실천할 수 있는 것이 언스쿨링 철학이다. 심지어는 그런 '의식적인' 노력 없이도 누군가는 이 철학의 정수를 실천하고 있을 것임을 짐작할 수 있다. 학교를 다니면서도,

그리고 학령기 전이라면 보육 기관을 다니면서도 실천할 수 있다.

철학과 대비되는, 방법으로서의 언스쿨링은 학습자가 학교를 다니지 않는다는 것이 빠질 수 없는 조건이라 할 수 있다. 사실 거기에 그치지 않고 배움에 있어서 학교와 같은 방식을 최소화하는 체계적인 방식들이 적용되어야 할 것이다. 왜냐하면 학교와 같은 방식은 수동성을 기르는 것이기 때문이다. 물론 언스쿨링 철학에 따라 운영하는 학교가 있을 수 있다. 영국의 서머힐Summerhill과 미국의 서드베리밸리Sudbury Valley 학교가 가장 잘 알려진 사례이다.

이렇듯 방법으로서의 언스쿨링을 실천하는 사람들이 있지만 한국에서는 더욱 소수이다. 앞선 장에서 논의한 것과 같이 연구 또한 주로 해외의 경우들을 조명하고 있다. 앞으로 그들의 학습과 성장에 대한 교육학적이며 실증적인 연구가 더 많이 필요하다. 그래야 교육방법으로서의 언스쿨링을 종합적이고 체계적으로 이해할 수 있기 때문이다. 그 과정에서 활용 가능할 가설들을 제시하고

자 한다.

가설 1: 홈스쿨링 가정의 경제력 분포

가끔 이런 질문을 보거나 듣게 될 때가 있다. "홈스쿨링/언스쿨링은 경제력이 좋아야 할 수 있나요? 홈스쿨링 가정은 돈이 많나요?" 이 질문은 누가 이런 방식의 교육을 선택하는가라는 문제와 관련된 질문들을 조명할 수 있도록 도와준다. 그 첫 번째 가설로 홈스쿨링 가정의 경제력의 분포가 어떻게 되는지 조명할 필요가 있다. 홈스쿨링 가정과 특히 홈스쿨링 학습자에 대한 연구가 조금씩 쌓이고 있지만, 그들의 경제력 분포에 대한 본격적인 연구는 없는 실정이다.

경제력 분포를 5분위로 나눠본다. 자산과 소득을 함께 반영하여 각 부분을 20%씩 나눠보는 것이다. 최상위 1그룹에서 최하위 5그룹까지로 나눌 수 있겠다. 만약 홈스쿨링 가정의 경제력 분포가 비홈스쿨링 가정과 똑같다면 홈스쿨링 가정의 경제력 분포가 각 그룹별로 골고루 나올 것이다. 나는 2~4그룹은 약 20%씩 나올 것으로 예상한다. 물론, 좀 더 세밀하게 들어가면 2와 3그룹은 20%를 조금 넘고 4그룹은 조금 안 될 것 같은데, 대체로 20% 내외로 나올 것으로 예상한다. 그리고 평균적인 가정의 분포와 두드러지게 다른 부분은 1그룹과 5그룹일 것이라 추측해 본다. 1그룹은 30% 정도, 5그룹은 많아야 10% 정도로 추정하는 것이 좋은 출발점이라고 본다.

즉, 경제력 분포가 평균적인 가정과 그리 다르지는 않지만, 최상위 그룹은 과대 대표 over-representation되고, 최하위 그룹은 과소 대표 under-representation될 것이라는 얘기다. 특히 최하위 그룹의 과소 대표 경향이 가장 두드러질 것이다. 물론 이런 추정들은 모두 가설이다. 관련 논의들을 얼마간 아는 이의 최선의 예상이라는 뜻이다. 그러면 왜 이런 가설을 내놓는가? 그 이유를 말해보자면, 우선 내가 직접 만나보거나 온라인에서 접근 가능한 경우들을 통해 본 사람들을 대략적으로 파악한 결과 이러했다. 대체로 중산층 이상이 과대 대표되어 있는 것이다. 경제적으로 하위계층

(4~5그룹)으로 추정할 수 있는 경우도 분명 존재하지만, 그보다는 여유가 있는 계층이 좀 더 많았다. 둘째로, 애초에 이런 새로운 시도를 하는 것은 어느 정도는 자신감이 있는 이들이 과대 대표되기 마련이다. 그리고 자본주의 사회에서 그 자신감의 근거는 보통 돈이다. 소득이 중간 이상인 경우가 많고, 혹시 현재 소득이 높지 않다면 자산이 있는 경우가 많다.

셋째 이유는 앞선 이유에서 이어지는 것인데, 사회운동이나 새로운 트렌드에 참여하는 것도 여러 가지 차원에서 사정이 나은 사람들이 좀 더 많이 하는 경향이 있다. 지금 생계가 막막한데 아이의 교육에 신경을 얼마나 쓸 수 있겠는가? 물론 그런 와중에서도 다른 것을 희생해 가며 홈스쿨링을 하는 경우도 있지만, 전체적으로 통계를 내보면 이러한 경우는 극히 일부에 불과할 것이다.

그렇다고 경제적 하위 계층에서는 홈스쿨링/언스쿨링을 예외적인 경우에만 한다는 것은 아니다. 삶의 가치관과 삶의 태도에 방점을 두고 자본주의적 원리에 '순응'하지 않으려 하는 사람들이 있는 것이다. 그리고 경제적 하위계층 중에도 문화자본은 어느 정도 있는 경우가 있다. 특히 5그룹뿐만 아니라 4그룹까지 포함하면 더욱 그렇다. 멀리 갈 것 없이 나의 가정부터가 그러하다. 나의 경우 소득으로만 따지면 4그룹이 아니라 3그룹에는 들어갈 수 있을 텐데, 자산상으로는 4그룹이라서, 그것을 종합하면 내가 속한 가정은 하위 21~40%에 들어갈 것으로 예상한다.

물론 이런 가설에 대한 논의가 당장의 궁금증이 있는 이들에게 속 시원한 답이 되지는 않을 것임을 안다. 하지만 우리가 무언가를 확실하게 아는 것은 결국 이런 과정이 쌓이고 쌓여서 가능해지는 경우가 대부분이다. 그런 가설들을 계속해서 제시해 본다.

가설 2: 부모와 자녀의 교류

홈스쿨링과 언스쿨링 가정에서 아이의 성장을 도와주기 위해 부모가 하는 가장 중요한 행동이 관찰과 반응이다. 관찰과 반응은 동떨어진 것이 아니다. 의미 있는 반응을 하려면 관찰이 우선되어야 하기 때문이다. 반응이란 교육학적으로 말해서 피드백의 다른 말이라고 할 수 있다. 모든 단계에서 선생들이 하는 활동이기도 하다. 물론, 중학교에서 대학 1~2학년 수준까지를 생각하면 1:1 피드백은 상당히 드문 현상이다. 선생이 학생 개개인을 만나서 학습과 관련한 구체적인 얘기를 하는 경우를 생각해 보라. 그것이 선생의 활동 중에서 얼마만큼의 부분을 차지하는가? 하지만 학습자의 의미 있는 성장 이면에는 대부분 이러한 피드백의 과정이 있다. 꼭 선생에게서만 얻는 것도 아니고, 친구들이나 한두 살 많은 이들에게서 얻는 경우도 많고, 스스로 성찰을 통해 얻기도 한다.

이런 필수적인 관찰과 반응을 하나로 묶어서 변수로 볼 수 있다. 누군가는 잘하고 누군가는 못한다는 뜻이다. 그리고 나는 부모가 관찰과 반응을 어느 정도로 하는지의 변수가 아이가 자기 주도적으로 배우는 특성, 혹은 그에 대한 지표로 삼을 수 있는 아이의 적극적인 표현의 정도와 관련이 있을 것이라 가설을 세운다. 대체로 비례하는 관계이지 않을까 싶다.

도표로 그려보면 어떠할까? 정비례와는 조금 다를 것으로 예상한다. 관찰과 반응이 잘 될수록 적극적 표현력이 늘어나는데, 특히 낮은 수준의 관찰/반응의 구간에서 점점 높아짐에 따라 늘어나는 정도가 크고, 어느 수준을 넘어서면 그 추가되는 효과는 작아지는 관계이지 않을까 추정해 본다. 대략 'S자 곡선'을 그리는 것이다.

관찰과 반응이라는 요소에 대해 조금 부연을 해본다. 사실 '반응'이라고 하면 소극적인 느낌이 들 수 있다. 부모가 갖고 있는 나름의 지식이 전달되지 못할까 염려할 수도 있다. 하지만 그렇게 한 발 물러서서 주도권을 아이에게 주면, 아이가 자신의 배움에 대한 적극성을 유지하는 데 도움이 된다. 아이들이 학교에서 배움에 소극적인 사람으로 변하는 메커니즘 중 하나가 바로 그런 관계에서 나온다. 선생이 너무 잘 알고 설명해 주니까 스스로 알아볼 생각을 안 하게 되는 것이다.[20] 때문에 그 반대로 가르치는 사람이 너무 나서서 가르치지 않으면 학습자들이 오히려 적극성을 유지하는 데 도움이 될 수 있다.

관찰의 묘는 신호를 읽어내는 데 있다. 그런데 문제는 분명한 신호가 있어도 그것을 해석하지 못하는 것이다. 주의를 기울이지 못해서 놓치는 경우도 있지만, 보호자나 선생이 다들 자기가 살아온 방식이 있어서, 그런 선입견으로 인해서 해석을 안 하거나 다르게 하는 경우도 있다. 이를테면 아이가 학교에서 상당한 스트레스를 받고 그것을 소화해 내지 못해서 학교 갈 때만 되면 배가 아프다든지 여러 문제 현상이 나타나고 있는데도 그 심각성을 애써 줄여서 생각하는 것이다.

사람들이 관찰과 반응을 얼마나 잘하는지 아닌지를 측정하는 연구를 실행하기는 특히 어렵다. '평소 나누는 대화의 질'처럼, 매우 중요하고 기본적인 것이지만 여러 사람의 삶에 끼어들어서 그들의 행동을 계량화하는, 즉 일반화하기 좋은 과학적인 연구를 하기 어렵다는 뜻이다. 그래서 이 가설은 연구를 위한 기능보다는 한동안은 각 가정에서 적용할 때 실용적 가치가 더 높을 것으로 예상된다. 개별 가정에서 이런 차원에 대해서 알고 있으면 스스로를 돌아보는 데 큰 도움이 될 것이다.

가설 3: 언스쿨링과 과제집중력

언스쿨링의 최대 장점 중 하나는 아이에게 자기 관심을 자연스럽게 좇을 수 있는 자유와 여유가 생긴다는 것이다. 그래서 과제집중력을 높은 수준에서 유지하는 것은 기대해 볼 만하다. 이것은 실증적인 문제이기 때문에 측정을 해봐야 확실히 알 수 있다. 그 과정에서 고려해야 할 것들 중에는 장기와 단기라는 시간의 구분, 그리고 어느 사안이 '과제'인가 하는 것이다.

과제 혹은 관심사는 이런 것이다. 아이가 뭔가가 궁금해서 스마트폰으로 검색하거나 음성으로 구글 어시스턴트를 켜서 물어본다. 그걸 찾아서 읽거나 보면 그 관심사에 대한 추구가 끝나는 경우가 많다. 그런 경우에는 집중을 10분~15분 하더라도 짧게 한 것이 아니다. 그 과업에 필요한 시간이 그 정도이기 때문이다. 그런데 이를테면 그림을 그린다든지 창조적인 작업을 하는 경우, 초등 연령의 아이라도 아이의 집중이 두 시간 이상 이어지기도 한다. 방해받지 않고 그런 시도들을 할 수 있기 때문에 언스쿨러들의 과제집중력은 높아지는 것으로 보인다.

언스쿨러들의 과제집중력은 사실 장기간 작업을 해야 하는 사안에서 특히 빛을 발한다. 예를 들면 연극 대본을 쓴다든지 랩 가사를 쓴다든지 하는 경우, 계속해서 그 작업만 하지는 않지만, 일단 시작하면 자신이 하고 싶을 때 그 작업으로 돌아가고 또 돌아가고 해서 3주가 되었든 6주가 되었든 그 작업을 마친다. 물론 하다가 관심이 떨어져서 안 하는 프로젝트도 있을 것이다. 중요한 것은 이 모습이 창의적 작업을 하는 어른들과 크게 다르지 않다는 것이다. 그것이 과제집중력이 표현되는 또 다른 '주기'라고 할 수 있다.

이것은 몇몇 사례에서만 발견되는 것이 아니기에 실험 등을 통해 좀 더 많은 경우를 실증적으로 확인해 볼 필요가 있다. 자기주도 교육방식을 다년간 경험한 학습자와 학교를 계속 다닌 학습자 그룹 간의 유의미한 차이가 있는지 확인하는 것이다.

가설 4: 창의력의 유지

창의성과 관련한 고전적인 연구 결과가 있다. 미항공우주국NASA이 가장 창의적인 엔지니어들에게 가장 어려운 일을 맡길 의도에서, 창의성에 대한 연구를 1960년대 후반 조지 랜드 박사에게 맡겼다. 그 연구가 꽤 성공적이었는지 창의성에 대한 같은 정의('상상력을 이용해 새로운 것을 창조하는 능력')를 아이들에게도 적용해 보았다고 한다. 그랬더니 만 4세에서 5세의 유아 중 98%가 "천재적으로 창의적"이라는 결과가 나왔다.

그 결과에 고무된 연구팀은 5년여가 지난 뒤 연구 대상이었던 같은 아이들을 다시 조사해 보았다. 그리고 그중 30%만이 높은 수준의 창의력을 보였다. 그로부터 다시 5년여가 지나 이제 만 15세가 된 청소년들을 조사해 보았더니 오직 12%만이 높은 수준의 창의성을 보였다. 그리고 성인이 된 그들 중에는 2%만이 "천재적으로 창의적"이라

조사되었다.[21]

이것이 제도화된 교육과 사회화의 힘이다. 그렇다면 학교에 다니지 않고 자기주도 교육을 해온 학습자들을 모아서 조사했을 때는 과연 어떤 결과가 나올 것인가? 이 학습자들도 더 넓은 사회 속에서 구성원으로서 사회화를 겪기 때문에 비슷한 결과가 나올 것인가, 아니면 줄어들기는 했지만 학교에서 아동 청소년기를 보낸 이들과 통계적으로 유의미한 차이를 보일 것인가. 결과가 궁금해지는 대목이다.

가설 5: 수학

마지막 가설은 특정 분야의 교육 성과에 대한 것이다. 일반적인 교과 과정에 대한 것이며, 그중에서도 누구나 관심을 둘 만한 수학에 대한 것이다. 가설을 제시하기 위해서 교육계에 잊힌 초등수학에 대한 실험을 떠올려보자. 피터 그레이가 자신의 글에서 소개한 사례다.[22]

벌써 100여 년 가까이 지난 1929년의 일이다.

이때는 한참 학교를 통한 교육의 구성이 진행되던 때였다. 뉴욕주의 한 교육감독관superintendent이 동료 감독관들에게 질문을 던졌다. 지난 10~20년의 변화를 지켜보며 한 말이었다. "그동안 많은 교과목이 추가되었는데 빠지는 것은 없으니, 그 무엇도 제대로 다뤄볼 시간이 없는 느낌이다. 무엇을 빼야 하는가?" 도발적인 질문이었다. 도발적인 질문에 도발적인 답이 나왔다. "산수를 뺍시다!" 농담처럼 들리는 이 말을 한 사람은 뉴햄프셔주의 베네젯L. P. Benezet이라는 감독관이었다.

    그는 그런 답을 한 것에 그치지 않고 정말로 실행에 옮겼다. 자신이 감독하는 지역의 학교 중에서 특히 못사는 지역에서 말이다. 이 부분이 사실 쓴웃음을 짓게 만드는 부분인데, 잘사는 지역에서 하면 부모들의 저항이 말도 못하게 많을 것이므로 그런 것이다. 아무튼, 그는 못사는 지역의 아이들에게 6학년이 되기 전까지 산수를 가르치지 않았다. 그러고 나서 그 학생들이 6학년에 들어갈 때 1차 테스트를 했다. 실험 전의 테스트인 것이다.

실험군 학생들과 대조군 학생들이 본 시험에는 두 가지 유형의 산수 문제들이 있었다. 첫째는 전통적인 교습법에 부합하는 산수 문제들이고 둘째는 상식과 수적 감각을 활용하여 풀 수 있는 이야기형 문제들(요즘 표현으로 '문장형 문제')이었다. 첫 번째 유형 문제는 충분히 예상 가능하듯이 대조군 학생들에 비해서 실험군 학생들이 못 봤다. 그러나 둘째 유형은 실험군 학생들이 오히려 더 잘 봤다.

그리고 1년이 지난 후 다시 시험을 치렀을 때, 실험군 학생들(6학년이 되기 전까지는 산수를 배우지 않고, 6학년이 되어서야 배운 아이들)은 여전히 둘째 유형 면에서 대조군 학생들보다 훨씬 시험을 잘 봤으며, 첫 번째 유형도 같은 수준으로 잘 봤다. 1년 만에 따라잡은 것이다. 놀랍지 않은가?

시대가 다르고 미국과 우리의 커리큘럼에는 기대치상 상당한 차이가 있으니, 이것이 우리나라에서도 아주 똑같이 나타날 것으로 예상하기는 어렵다. 그러나 기초적인 수학, 즉 산수를 좀 더 늦게 도입해도 그것이 오히려 더 좋은 결과를 낼 수 있다는 가설은 우리에게도 유효해 보인다.

4학년만 되어도 수포자가 생긴다는 우리나라 수학교육의 실정을 감안했을 때, 참으로 진지하게 고려해 봐야 할 실험 결과다. 1학년부터 3학년까지 수학을 배우지 않고 4학년부터 3년만 배운 그룹과 일반적인 경우를 두 그룹으로 해서 비교할 수 있을 것이다. 물론, 이 실험에 자발적으로 참여하는 이들을 구하는 것이 쉽지는 않겠지만, 그 함의의 중요성을 생각해 보았을 때 꼭 필요한 실험이라 생각된다. 그 결과를 보고 다른 영역에서의 교육적 성과에 대한 연구도 진행한다면 교육 전반에 대한 우리의 이해를 혁신할 수 있을 것이다.

언스쿨링이라는 교육방법

이 책 5장과 6장은 다른 어떤 부분보다도 유기적으로 연결되어 있다. 5장이 기존의 연구들을 간략하게 훑어봄으로써 자기주도 교육에 대한 현재의 이해를 확인한다면, 6장에서는 앞으로의 더 발전된 이해를 도모하기 위한 가설들을 제시하였다. 이 가설들의 내용뿐만 아니라 그것들이 어떤 맥락에서 제시되었는지를 이해하고 고민하는 과정에서 우리는 자기주도의 교육방법이 지닌 특징들을 더 잘 이해하게 될 것이다. 그리고 그 이해를 바탕으로 이론적인 발전뿐만 아니라 학습자들의 발전을 도모하는 실용적인 목적에도 기여할 수 있을 것이다.

그러한 목적에서 이 장은 다섯 가지 가설을 제시했다. 처음의 두 가설은 현재 가정 단위로 시도되고 있는 언스쿨링을 좀 더 이해하기 위해 가정의 경제적 특성(가설 1)과 부모와 자녀의 교류(가설 2)에 대한 가설이다. 나머지 가설들은 모두 학습자들의 특성에 대한 것인데, 과제집중력(가설 3)과 창의력(가설 4) 면에서 장기간 이러한 교육방법을 실천한 학습자들이 '평균적인' 학습자들과 어떻게 차이를 보이는지를 물었다. 마지막으로 기존 커리큘럼에서 중요한 위치를 차지하는 수학 분야의 성취도에 대한 가설은 특히 초등교육 단계의 학습자들 사이에서 언스쿨러와 공교육 학습자들 사이의 차이를 따져본다.

지금까지 2부는 전체적으로 교육방법이자 교육철학으로서 언스쿨링이 무엇인지를 논의하였다. 우선적으로 우리에게 널리 익숙한 공교육의 방식과는 어떻게 다른지 살펴보았다. 커리큘럼, 집단생활, 그리고 평가와 피드백이라는 차원에서 두 교육방법이 어떻게 다른지를 설명한 것이다. 5장과 6장은 자기주도 교육 그 자체에 초점을 맞추었다. 5장에서는 이론적인 흐름을, 6장에서는 실증적인 문제들을 살펴보았다.

언스쿨링이라는 교육방법은 앞으로 더 연구가 되고 실천 모델이 쌓이면, 산업사회의 한계를 뛰어넘는 데 기여할 것이다. 3부에서는 그런 실천을 고려 중인 학습자들과 가정에 실용적인 도움이 되고자, 자기주도 교육을 하는 방법을 살펴본다. 그 방법을 두 가지로 나누어 알아보는데, 학습 영역별로 살펴보거나(7장), 학습자의 시간을 어떻게 활용할 것인가 하는 차원(8장)에 집중해 본다. 이 책의 마지막 장이기도 한 9장에서는 이 교육방법의 확산을 위해 필요한 사회적 조건을 따져본다.

Special Section
성인이 된 자기주도 학습자 2

설수연(만 24세)

두 번째 자기주도 학습자와의 인연은 2021년 6월로 거슬러 올라간다. 그가 일본의 교토예술대학 만화학과 3학년 유학생이던 시절이었는데, 자신의 십 대 홈스쿨링 기간을 뒤돌아보며 쓴 글을 자신의 블로그에 올렸다. 그 글을 보고 내가 남긴 댓글이 우리가 이어온 소통의 시작이었다. 서로의 블로그로 대화를 이어오던 것이 3년 반이 넘은 시기인 2025년 1월, 제주의 부모님 댁을 찾아 머물던 그를 줌ZOOM으로 만나 인터뷰를 진행했다.

인터뷰의 시작은 아무래도 그가 학교 밖으로 나오게 된 계기였다. 스스로를 겁이 많고 순종적인 편인 어린이였다고 말하는 그는 초등학교 시기를 회상하며 "선생님하고 안 맞을 경우에는 굉장히 괴로워"했다고 기억했다. 강압적인 교사를 만나기라도 하면 1년 내내 힘들어했던 것이다. 수연 씨가 '빠른 년생'이라는 점을 하나의 원인이라고 생각한 부모님은 '초등학교 졸업 후 중학교 가기 전에 한 1년쯤 자유로운 시간을 보내보자'는 제안을 하기에 이르렀다. 그의 부모님은 한국 교육에 대해 문제의식이 있는 한편으로 자녀 교육에 관심이 있는 분들이다. 시민단체 '사교육걱정없는세상'에 초창기부터 관여했을 뿐만 아니라, 수연 씨가 어렸을 적에는 매년 단체의 캠프를 갈 정도로 열성적인 회원이었다.

부모님의 제안으로 시작된 홈스쿨링 생활이 처음부터 순조로웠던 것은 아니었다. 초등학교 시간표에 익숙했던 탓에 갑자기 많아진 시간이 감당되지 않고 어찌할 바를 몰랐던 시기가 있었다고 그는 기억한다. 그러다 거의 1년에 걸쳐 나름의 루틴이 만들어지고 나서야 "그런 단점들이 좀 장점으로 바뀌었던 것 같"다고 느꼈다.

그런 시기에도 그는 다양한 사람을 만나며 "불필요한 인간관계에서 스트레스 받지 않아도 되는 점"을 즐겼다. 캠핑을 좋아하는 부모님을 따라서 간 곳에서 만난 어른들은 그에게 "사람 개인으로서 존중하는 느낌"을 주었다. 홈스쿨링 온라인 카페에서 만난 또래들과 지역(고양시)에서 함께 전시도 보러 가고, 난지도에 가서 바비큐도 해먹고, 친구들끼리 플리마켓도 해보고, 피크닉에도 다녔다.

그러다가 또 한 번의 위기를 겪게 된다. 고등학교 입시가 쉽지 않았다. 그림 그리기를 좋아하던 그가 서서히 만화가의 길을 생각하며, 차례로 한국애니메이션고등학교와 경기예술고등학교에 진학을 시도했지만 좋은 결과가 나오지 않았다. 학교들에서 중학 검정고시 결과를 낮게 평가했을 뿐만 아니라 실기도 '입시'의 성격 탓인지 높은 평가를 받지 못했다. 그러나 그 과정을 겪는 내내 그는 성인이 될 준비를 누구보다 꾸준히 하게 되었다. 우선 그는 시간을 쓰는 법을 깨우쳤다. "혼자 있는 시간이 많아지다 보니까 이제 외로움에 좀 익숙해"지고 그 "시간을 잘 활용할 수 있게" 되었다고 그는 전했다.

"그래서 유학 생활을 시작하고, 이제 생각했던 것보다 저는 친구들에 비해서 굉장히 적응을 잘하는 거죠. 이제 외롭지 않고 혼자 있기도 너무 바쁘고 그래서 좀 그런 성인이 돼서 겪는 일들에 대해 금방 적응을 할 수 있었던 것 같구요."

고등학교 입시를 실패라 부른다면 그 실패는 전화위복이 된 듯 보였다. 계속된 홈스쿨링 기간에 혼자 시간을 보내는 연습을 지속적으로 했을 뿐만 아니라, 학교 안의 학생들은 상대적으로 놓치기 쉬운 봉사활동에서 중요한 경험도 하게 되었다. 일 자체가 아주 특별하진 않았다. 카운터를 보는 업무나 도서실 책 정리를 돕는 일이었으니까. 그러나 "집을 떠나서 이제 부모님이 시키신 일 말고 그냥 제가 혼자 지시를 받고 하는 일들 같은 거를 처음 해봤는데 되게 재밌더라구요. 뭔가 제가 도움이 되고 있는 느낌도 들"었다 말하며, 청소년 센터가 마련해준 봉사활동 경험을 회상했다. 우리가 그의 예술대학 진학과 만화가가 되는 과정에 대해서 주로 얘기 나누다 보니, 청소년 센터의 경험에 대해서는 질문을 받고서야 그 기억을 끄집어냈다. 아마도 이 경험이 그의 홈스쿨링 경험 전체에서 차지하는 부분은 작을지도 모른다. 게다가 그의 현재 커리어와 연관성도 작다. 그러나 경제적 보상이 있든 없든 타인에게 도움이 되고 있다는 느낌, 그것은 성인이 되는 과정에서 반드시 겪어봐야 할 우리 청소년들의 발달과업이 아닐까.

고등학교 입시가 뜻밖에 어렵게 진행되었던 것과 달리 설수연 씨의 대학 입시는 생각보다 잘 풀렸다. 잠시 일반 고등학교 1학년을 다녔던 그는 한국 대학 입시에서 길을 찾기 어렵다고 느끼고 일본 예술대학으로 유학을 꿈꾸게 된다. 몇 번의 일본 여행 경험은 있지만 그렇다고 일본이 아주 익숙한 곳은 아니었다. 그런 상황에서 그는 이번에도 전문입시학원의 도움을 별로 받지 않았는데, 학교에서 커뮤니케이션 전형의 비중을 늘렸던 것이 앞으로 생활을 위해서도 일본어 공부에 초점을 맞춰 준비하던 수연 씨에게 잘 맞아들어 갔다. 실기를 위해 평소의 자유롭고 다채로운 연습 기조를 유지했던 그는 참여 수업형 입시 면접에서 홈스쿨링 경력을 오히려 긍정적으로 감안하고, 또 소통 능력을 좋게 본 교수들에 의해서 합격 결정을 받게 된다.

그렇게 시작된 교토예술대학 만화학과 학생으로서의 생활에서 그는 뜻밖의 시작을 하게 된다. 원래는 기숙사에 들어가려 했으나 시기가 잘 맞지 않아서 바로 자취를 시작하게 된 것이다. 그것이 오히려 홈스쿨링을 하며 자신의 시간을 스스로 활용해 본 경력이 빛을 발할 수 있는 환경이 된다. "일상 생활에 있어서는 다른 친구들보다 좀 더 쉽게 적응할 수 있었고, 혼자 알아서 다 하는 것, 각종 절차 같은 것들을 도움 없이 혼자 하는 건 좀 피곤하긴 했지만, 그걸 좀 금방 할 수 있었고, 홈스쿨링 때 만들어둔 루틴이 되게 도움이 많이 됐던 것 같아요"라고 그는 회상했다.

한편으로 그는 홈스쿨러 정체성에서 벗어날 수 있어서 홀가분하기도 했다. "넌 학생인데 왜 지금 학교 안 가고 나와 있니?"라고 직접 묻는 이들

설수연 씨의 만화 단행본

을 만날 정도로 한국에서 홈스쿨러 정체성은 원하든 원하지 않든 그에게 큰 부분이었다. 이제는 주된 정체성이 한국인 유학생으로 바뀌었던 것이다. 물론, 이방인으로서의 불편함과 어려움은 있었지만, 오히려 주류 사회의 사람들이 하지 못하는 것을 적극적으로 나서서 하게 만드는 계기가 되기도 했다. 말하자면, 일본 역시 '너무 튀지 않아야 한다'는 주류 문화가 있는 상황에서 이방인이라는 정체성이 오히려 그들이 따르는 문법에 얽매이지 않을 수 있게 한 것이다. 물론, 그것만이 이유는 아니었다. "홈스쿨링을 하면서 내 친구가 그냥 생기진 않는다"라는 깨달음 또한 있었다. 그래서 "사람들의 관계에 있어서, 이벤트나 활동에 있어서 좀 적극적으로 참여하게 되었"고, 과거라면 상상하지 못할 그룹의 리더 같은 것을 맡기도 했다.

 그러한 뚜렷한 성장은 성공적인 학과 생활과 만화가로서 일본에서의 데뷔로 이어지게 된다. 그는 2학년인 2020년에 데뷔했고 3학년 후반부터는 학비는 부모님이 주시지만 만화가로서 버는 돈으로 생활비를 낼 수 있게 되었다. 2023년 3월에는 학과를 최우등으로 졸업하고, 취업 활동 비자 생활을 거쳐 현재는 5년간 유효한 문화 예술인 비자를 받아서 당분간은 "비자 걱정 없는 생활"을 하고 있다.

 물론 여전히 다른 사회이자 문화권에서 그는 이방인으로서의 삶, 그리고 창작자로서 다음 작품을 구상해야 하는 스트레스를 감당하고 있다. 그러나 그 스트레스는 의미 있는 것이지 않나 생각한다. 그리고 무엇보다 자기주도의 습관이 있는 그가 충분히 감당할 수 있을 것이라는 자신감이 인터뷰 하는 나에게까지 충분히 전해졌다.

3부

자기주도 교육은 어떻게 하는가

(7장)
학습 영역별 성장의 메커니즘과 효과적 접근법

언스쿨링 또는 자기주도 교육은 과연 어떻게 하는 것일까? 3부에서는 이 질문에 답한다. 7장과 8장에서는 각 가정에서 실제로 이런 교육방법을 적용할 때 참고할 만한 방법론을 제시한다. 그리고 9장에서는 우리 사회가 자기주도 교육을 하기 위해 필요한 조건이 무엇인지 설명하고자 한다.

자기주도 교육은 학교식 '교과목'에 구애를 덜 받는다. 그렇다고 엄연히 학문 분야로 구분이 되는 영역들을 완전히 무시할 수도 없고 그럴 필요도 없다. 언스쿨러도 사회적 존재이니까. 그 영역들을 염두에 두고 언스쿨러들의 활동 및 학습 영역을 다시 나눠볼 수 있다. 읽고 쓰는 것을 포함한 창작의 영역, 수학과 과학의 영역, 그리고 마지막으로 사회적 세계의 영역으로 나누어 설명해 보고자 한다. 다시 말해, 이런 구분은 언스쿨러들에 대한 관찰에서 자연스럽게 생기는 구분에 기반하기도 하며, 어느 정도는 세상의 상식에 기대는 분류이기도 하다.

자기주도 교육은 이미 존재하는 특정 커리큘럼을 전적으로 따르는 방식은 아니지만, 학습자들이 경험하는 지적인 세계를 학교 교육의 방식으로 나누지 않더라도 이 세 영역을 구분하는 것은 실질적인 의미가 있다. 이런 세 영역이 있다는 생각의 틀을 가지고 발달과정을 지켜보면, 각각의 영역에서 아이가 발전하기 위한 중요한 핵심 원리에 조금씩 차이가 있다는 것이 드러난다. 또 그 영역별로 잘 성장하기 위한 접근법도 다르다는 것 역시 알 수 있다.

물론, 이 세 가지 영역에서의 발전 과정에는 공통점도 많다. 학습자 자신의 호기심, 관심사, 그리고 그가 하는 질문과 요구가 그들이 어떤 활동을 하는지, 어떻게 성장하는지에 결정적인 역할을 한다. 학교에서의 커리큘럼과 비교해서 얘기하면, 학교 밖 교육에서는 여러 가지 영역이 혼합되는 활동을 많이 한다. 이를테면 사회와 창작이 합쳐지고 과학과 창작이 합쳐지는 식이다. 그럼에도 불구하고 이처럼 세 가지로 나누어서 얘기하는 이유는 분명 그들 사이에 어떤 차이가 있고, 그것을 아는 것이 학습자의 환경을 좀 더 낫게 만들고 좀 더 잘 관찰하고 가이드하는 데 도움이 되기 때문이다.

창작과 언어의 영역

창작의 영역, 즉 문학, 예술, 읽고 쓰기와 같은 영역에서 특히 중요한 원리는 모방이다. 그 중요성을 강조하기 위해 "모방, 모방, 모방"이라고 말하고 싶을 정도다. 모방은 참으로 창조의 어머니다. 따라 하기, 즉 모방은 기존 세계의 표현법을 자연스럽게 습득하는 과정이자 그것의 즉각적인 결과물이다. 우리는 결국 기존의 것을 습득해야 그 한계를 인식할 기회를 얻는다. 그리고 그 한계를 넘어서는 것을 창조물, 또는 독창성의 결과물이라고 부른다. 둘이 따로 떨어진 것이 아니고 이어진다는 얘기다. 언스쿨러들의 활동 모습에서 그 연결고리를 반복적으로 볼 수 있다.

예를 들어, 만 7세의 한 언스쿨러는 〈정글에서〉라는 짧은 극본을 썼다. 여기 나오는 캐릭터들은 〈정글북〉을 닮았고, 전체적인 구성은 〈알라딘〉을 닮았다. 그리고 몇몇 표현법은 또 다른 책과 TV 프로그램에서 배운 것이다. 작품에서 지하로 내려가는 장면은 『신기한 스쿨버스』라는 책 시리즈에 자주 등장하는 표현법을 따라 한 것이고, 강에서 할아버지의 옷을 발견하는 부분은 〈바다 탐험대 옥토넛〉을 따라 한 것이다. 자연스럽게 따라 한 이 책들과 프로그램들 모두 아이가 오랜 시간 즐겨 읽고 보던 것들이다. 그뿐만이 아니고 말로 몸으로 그리고 글로 반복적으로 재밌게 따라 하던 것들이다. 이런 모방, 재현과 반복의 과정이 창작의 바탕이 되었다.

물론 대부분의 경우에는, 이렇게 여러 가지 보고 듣고 따라 한 것들이 하나의 작품을 창작하는 것으로 모아지지 않는다. 모방은 보통 그보다는 훨씬 분절적이고 단편적으로 일어난다. 예를 들어, 타이타닉 관련 책을 재밌게 읽고는 그 이야기를 12페이지의 자기 책으로 줄여서 쓴다. 그걸로 일단락이다. 〈위 베어 베어스: 곰 브라더스 We Bare Bears〉라는 프로그램을 보고 난 뒤 웃긴 장면들을 자꾸 따라 하는 식이다. 이렇게 보고 듣고 모방한 것들이 언제 어떤 창작으로 이어질지는 예상하기 어렵다. 그리고 그 연결고리를 관찰자가 인식하지 못할지도 모른다. 하지만 때때로 그 연결고리를 발견할 때 우리는 수없이 반복된 모방의 과정이 어떻게 창작의 일부가 되는지를 알아차리게 된다.

모방이 창조를 위한 핵심 원리라는 것은 어쩌면 매우 당연한 사실의 재확인일지도 모르겠다. 창작의 영역 중에서 가장 기본적이면서도 가장 복잡할 수 있는 '언어 습득'의 과정을 생각하면 그렇다. 우리는 다른 사람들을 모방하고 그것을 반복하면서 언어를 습득한다. 모국어이든 외국어이든 그렇다. 다른 창조적인 활동이 그와는 다른 원리로 이루어질 것이라고 생각하면, 오히려 그게 더 이상한 것일지도 모르겠다.

그런 특징이 이 영역에서의 발전을 위한 핵심 원리도 도출해 내게 한다. 창작과 예술의 영역에서는 자유로운 환경과 습득의 시간이 중요하다는 것이다. 가르치는 자와 배우는 자의 역할이 굳게 정해져 있고, 꽉 짜인 커리큘럼을 그대로 따라가야만 하는 학교식 공부 혹은 구조화된 학습이 언어와 창작의 영역에서는 가장 비효율적이라는 것이다. 물론, 이 영역의 학습 과정에서도 코치하고 가이드하는 '먼저 배운 자'가 있을 수는 있지만, 대화의 상대이자 모방 대상이라는 역할이 더 우선한다. 마치 수학을 배우는 것처럼 맞고 틀린 것에 대한 고정적인 관념을 이 영역에까지 엄격하게 적용하는 것은 적절하지도 효율적이지도 못하다.

이런 비구조화된 환경을 누리는 아이들은 시간이 지나면서 실력이 상승할 뿐만 아니라 창작 작업을 하는 방식에도 변화가 생긴다. 말하자면, 만 6~7세경까지는 아주 충동적인 작업 위주로 한다. 이야기를 쓰거나 그림 그리기를 생각하면 된다. 그러나 만 11~12세가량이 되면 좀 더 의식적인 작업 방식을 보이게 된다. 예를 들어, 택배 기사인 동물 캐릭터를 주인공으로 두고 그림책을 만들던 만 11세의 한 언스쿨러는 시간이 지나자 두 가지 면에서 '의식적인' 작업을 하기 시작했다. 첫 번째는 택배 기사들에 대한 대한 조사였다. 그는 한 달에 최소 대여섯 번은 택배를 받기 때문에 택배 기사들의 삶에 대해서 안다고 느꼈지만, 사실은 별로 알지 못한다는 것을 깨닫게 된 것이다. 그래서 현직 택배 기사가 찍어 올린 영상을 보고 택배 업무의 속사정을 최대한 파악했다. 둘째는 다른 그림책을 그냥 '독자'로서만 보는 것이 아니라 자신이 참고할 모델로서 다시금 찬찬히 뜯어보는 것이다. 창작 시점이 되면 그림책을 읽지 않은 지 이미 1~2년이 되기에 최근의 그림책은 어떤 내용과 스타일을 따르는지 스스로 상기시킬 필요가 있다. 분명 '무의식적인 모방'에만 그치는 것이 아니라 '참고자료'로서 의식적으로 활용하는 모습을 보였다.

거기에 더해서 프로젝트의 작업 기간이 대체로 길어지는 것도 눈에 띈다. 만 6~7세 시기에 창작을 할 때는 2~3시간 정도 작업해서 그날 하루만에 끝내는 프로젝트가 대부분이었다. 하지만 이제 훨씬 오랜 시간 작업해야 하는 프로젝트를 작업하게 되었다. 결국 창작의 과정의 상당 부분이 의식적인 작업이 되고, 전략과 계획이 더 들어간다. 그런 모습들을 관찰할 수 있다. 물론, 작업 방식에 있어 그러한 특징들이 과거에는 전혀 없다가 갑자기 나타난 것은 아니다. 만 9세 전후부터 조금씩 나타나던 모습이 신체 및 인지적 발달을 겪으며 전보다 많아지고 좀 더 명확해진 것이다. 이런 과정을 통해 작업물의 스케일이 커지고 퀄리티가 올라갔다. 창작자가 어떻게 만들어지는지 엿볼 수 있는 사례다.

과학과 수학

과학과 수학의 영역에서는 경험과 질문이 중요하다. 왜 경험이 중요한가? 우리 삶의 곳곳에 과학이 숨어 있기 때문이다. 봄이 오면 꽃이 피고 나무가 푸르러진다. 그 푸르름에 끌려 밖으로 나가

걷다보면 개미가 어디론가 기어가고, 비가 오면 지렁이가 나온다. 비가 그치고 밤이 오면 하늘에 뜬 달 모양이 어제와 다르다. 자연으로 나가서 이런 것들을 하나하나 겪어보고 관찰하면 과학적인 현상에도, 그리고 과학적인 사고방식에도 익숙해진다. 하지만 일상 속에서 관찰할 수 있는 과학 현상에 우리는 금방 익숙해지고는 한다. 놀라울 것 없는, 당연한 것이 될 수 있는 것이다.

그럴 때 과학관에 가거나 온라인 자료를 활용하는 것도 크게 도움이 된다. 하나의 예로, 지구는 태양계의 행성들 중에서 상당히 작은 편이다. 그 크기를 이미지나 영상으로 보지 않고는 감을 잡기가 어렵다. 지구와 목성의 크기를 비교해 주는 유튜브 영상을 본다면 그것은 상당히 적절한 간접 경험이 된다. 그런 자료들이 가진 또 하나의 강점은, 어떤 현상을 볼 때 질문을 던지는 버릇을 기르도록 도와준다는 것이다. 그것들이 본보기가 되기 때문이다.

질문은 학습자가 현상을 이해하려는 과정에서 던지게 된다. 만 5~7세 아이들이 가장 많이 하는 질문이 "왜"와 "어떻게"인 것은 잘 알려져 있다. 어떤 현상이 일어나게 된 과정(어떻게)과 원인(왜)을 찾는 것이다. 이런 경우에 때로는 답을 알려주고, 때로는 직접 알아보라고 하고, 또 가끔은 어른이 먼저 질문을 해봐도 좋을 것이다. 이런 대화가 그냥 답을 알려주는 것 이상으로 그들의 지적인 성장을 돕는다.

사실, 경험과 질문이라는 두 요소는 과학을 지탱하는 두 개의 기둥이라고 널리 알려진 관찰 observation과 논리 logic로 다가가는 길이다. 과학적 사고와 지식으로 가는 길에는 매우 특별한 활동이 필요하지 않다. 오히려 뭔가를 안 해야 한다. 너무 자극적이고 화려한 인공 구조물이나 자극이 강한 곳에서 보내는 시간을 제한해야 할 필요가 있는 것이다. 그런 자극들은 자연을 지루하고 식상한 곳으로 만들기 쉽기 때문이다. 자연으로, 과학관으로, 상상 속으로 가서 아이와 대화하면 된다.

수학은 과학의 일부이면서 추가적인 코멘트가 필요한 독립적인 영역이다. 우선적으로 지적할 것은 앞서 6장에서 기술한 가설 중 하나인 기본 가정이다. 산수는 만 6세 아동 대부분이 초등학교 1학년 때 배우는데, 이는 너무 빠른 것일지도 모른다. 물론 어떤 아동에게는 전혀 빠른 것이 아닐 수도 있다. 그러나 대부분의 아동에게는 그들의 생각이 조금 더 자라길 기다려줘야 하는 분과일 수 있다. 애초에 이해하기 어려운 수준의 것을 스트레스는 스트레스대로 받아가며, 시간 투자만 많고 결과물은 적은 방식으로 배우고 있는지도 모른다는 합리적 의심을 제기할 수 있다.

아이가 준비가 된 상태에서 가르친다는 가정 하에, 수학 학습에서 핵심은 단계 파악이다. 우선 학습자가 현재 어느 정도의 수준인가를 파악하는 것이 중요하다. 학습자가 발전해 나가는 단계의 높이가 사람마다 다르고 영역마다 다르다. 그래서 성인이라면 초등수학을 거의 모두가 알지만 아무나 가르치지는 못하는 것이다. 초등수학을 마스터하는 과정에 수많은 단계가 있는데, 어른들은 대부분 그걸 다 잊어버리게 된다. 이미 마스터했고, 그게 오래전의 일이기 때문이다.

가르치다 보면 아이가 막히는 부분이 반드시

나온다. 이 '단계'에 대해 민감하게 구성해서 가르치더라도, 즉 나름 차근차근 가르친다고 애를 쓰더라도 반드시 뜻밖에 막히는 부분이 나오게 되어 있다. 아이가 예상보다 애를 먹는 것이다. 그때 거기에는 사실 하나의 단계가 아니라 두 단계 이상이 있었던 것이다. 물론 개인차가 큰 부분이고, 다 똑같지는 않다. 어떤 아이들은 두어 단계를 한 번에 뛰어 넘을 것이다. 어떤 때는 뜻밖에 쉽게 이해하고 푸는 부분도 있을 것이다.

중요한 것은 단계들이 있고 그것은 어른들이 대체로 느끼는 것보다는 훨씬 촘촘하다는 것이다. 그것을 인식하는 것이 중요하다. 그 촘촘한 단계들에 민감하게 학습 과정을 구성하면, 꽤 좋은 학습을 경험할 수 있다. 뭐가 좋은 거냐고? 수학 풀면서 머리를 쥐어 뜯을 것 같은 스트레스나 눈물을 흘리는 상황, 그런 것이 거의 또는 전혀 없으면 좋은 것이다. 그게 핵심 아닌가? 게다가 그렇게 '좌절감' 없이 학습하면, 아이는 수학에 자신감이 생긴다. 사실 이것은 학습 전반에 대한 자신감과도 상통한다. 아이들이 만나는 학문 영역들 중에서 수학만큼 단계가 많은 과목이 없기 때문이다. 즉, 여러 단계를 차근차근 마스터하다 보면 성장 마인드셋growth mindset을 기르게 된다. 내가 할 줄 모르던 것도 공부하면 할 수 있게 된다고 자연스럽게 여기게 되는 것이다. 그것이 다른 무엇보다 중요한 부분이 아닐까?

'분명 어렵다고 느꼈던 것을 할 수 있게 된 자신을 발견하는 기쁨', 아이는 그 기쁨을 배우기에 좋은 것이다. 다른 어떤 과목보다 수학은 이런 기쁨을 많이 줄 수 있다. 단계가 많고 어려운 과목이라는 점이 꼭 나쁘게만 작용하는 것이 아니다. 동전의 양면이라고 할까? 학교의 커리큘럼과 가장 비슷하게 할 수밖에 없는 과목이지만, 학교 방식으로 하지 않기 때문에 가질 수 있는 장점이기도 하다. 철저히 자신의 속도로 진행할 수 있기 때문에 이런 일은 더 쉽게 일어난다.

사회적 세계: 역사, 경제, 정치, 지리

창작의 영역과 과학의 영역에 이어서 마지막

은 '사회적 세계'의 영역이다. 경제, 정치, 지리, 역사 등을 포괄하는 영역인데 이 영역에서는 질문과 반복이 특히 중요하다. 질문은 앞선 과학의 영역에서 다뤘던 것과 기본적으로 같은 원리다. 어떤 사안을 이해하고자 하는 과정에서 아이가 던지는 질문에 응하는 것이 중요하다. 배우는 사람이 질문하기를 멈추면, 학습자로서의 사람이든 그 학습의 과정이든 뭔가에 문제가 발생한 것이다.

그렇다면 반복은 왜 나오는가? 아이가 커가면서 '같은' 사회의 복잡다단한 면을 더 잘 이해할 수 있게 되기 때문이다. 아이의 성장 속도에 비해서 사회의 모습은 아주 천천히 달라진다. 역사는 가장 그렇고, 지리도 거의 그러하고, 정치도, 문화도 대체로 그렇다. 그 안에 살아가는 아이가 무럭무럭 자랄 뿐이다. 그리고 그 성장에 맞춰 이해할 수 있는 것이 늘어난다. 어떤 사회적인 요소, 이유, 현상들 각각의 의의와 그것들의 복잡한 관계를 알아가는 것이다. 같은 사안에 대해서 똑같은 얘기를 하는 것 같아도, 훨씬 더 깊게 이해하게 되는 변화의 과정이 있다. 말하자면, 다르게 반복하기를 한다고 할 수 있겠다.

예를 들어, 지도 그리기를 매우 좋아한 언스쿨러는 처음에는 그저 모양대로 지도를 따라 그렸다. 미국 지도, 세계 지도, 한국 지도 등등을 말이다. 미국 같으면 주와 주도, 한국 같으면 도와 광역시 등등을 포함했다. 그러더니 언젠가 지도에서 범례legend를 눈여겨보기 시작하며 이것이 나름 중요한 의미가 있다는 것을 깨쳤다. 그리고 그것을 어른과의 대화를 통해 확인한 후 자신의 그림에도 범례를 넣기 시작했다. 같은 주제나 사안을 반복적으로 다루는 과정에서 좀 더 깊은 이해와 적용으로 나아가고 있는 것이다. 이런 변화는 지도나 지리뿐만이 아니라 정치적 현상, 역사적 사건, 경제적 개념과 같은 다른 영역에서도 관찰된다.

보호자 입장에서 중요한 것은 질문을 받거나 할 때 너무 앞서가지 않는 것이다. 한술에 배부를 수 없다는 것을 인식하고, 대체적으로 한 단계씩만 나아가야 한다. 좀 더 복잡한 이야기는 나중에 다시 나눌 수 있으므로, 그때를 즐거운 마음으로 기다리는 것이 중요하다. 그렇다고 매번 이게 맞는 수준인가 아닌가 너무 고민할 필요는 없다. 아이가 피드백을 줄 것이다. 함께 맞춰가면 되는 것이다. 이를테면, 언젠가 남한과 북한이 어떻게 갈라지게 되었는지에 대해서 궁금해하던 나의 만 7세 아들은 주로 유튜브 영상을 보며 그 과정을 알아갔다. 그러더니 일제강점기에 대해서 물어보았고 나는 그 얘기를 짧게 해준 뒤 조선 왕조를 살짝 언급했다. 그랬더니 당시에는 왕조에 대해서는 관심도 별로 없고 잘 이해하지도 못하는 모습을 보였다. 나는 '그래, 왕조 시대 이해하려면 좀 복잡해지지'라고 생각하며, 내게 등을 보이고 다른 곳으로 가는 아이를 그저 바라보았다. 나에게 왕조에 대해서 물어올 때 뭐라고 얘기해 줄까를 잠시 생각하면서. 그 부분에 대해 다르게 반복할 기회는 그 이후에 종종 찾아왔다.

탐구와 숙달하기

정리하자면, 언어와 창작은 다른 두 영역에 비해서 비구조화된 시간이 특히 중요하다. 물론, 이 영역에도 갈고닦을 요소들이 있다. 확실하게 뭔가를 활용할 수 있도록 '익히기'의 과정이 필요한 것이다. 이 논의에서 참고할 수 있는 것은 홈스쿨링 교육방식의 하나로 잘 알려진 고전교육에 대한 수전 와이즈 바우어의 설명이다.[1] 그는 학습과정에서 갈고닦을 master 영역과 탐구 explore의 영역을 구별한다. 탐구의 영역은 문학과 같은 분야에 많다. 고전소설 A를 읽든 B를 읽든, 비슷한 수준의 문학적 이해에 도달할 수 있기에 탐구의 영역으로서의 특징이 강한 것이다. 그렇다고 언어에 탐구의 영역만 있는 것은 아니다. 갈고닦아서 깨치고 가야만 하는 영역도 있다. 맞춤법이 좋은 예시인데, 그러한 요소 역시도 만 6~7세의 연령보다는 만 11~12세의 연령에게 배움을 권할 만하다. 왜냐하면 자연스럽게 고쳐지는 부분도 상당하기 때문이다.

지금까지 언어와 창작이 과학과 수학 및 사회적 세계와 어떻게 다른지를 중점적으로 논의했다. 후자의 두 영역에도 차이가 있다. 과학과 사회 영역의 핵심 차이는 얼마나 더 적극적으로 (새로운) '경험'을 구해야 하는가의 차이이며, 달리 말하면 학습자가 자연스러운 성장 과정에서 얼마나 쉽게 '호기심'을 갖게 되는가의 문제와 연결이 된다. 우리를 둘러싼 사회는 끊임없이 뉴스 등을 통해서 자극을 주며 아이는 성장하면서 복잡하고 쉽게 이해되지 않던 것들의 실마리가 조금씩 풀리는 경험을 하게 된다. 핵심을 다시 말하자면, 같은 주제에 대한 반복적인 접근이라고 할 수 있다. 그 과정에 자신의 질문을 잘 받아주는 어른은 누구라도 그의 성장에 큰 도움이 된다. 그와 다르게 과학 분야는 계속 '질문'하기 위해서, 사회 영역보다는 좀 더 열심히 '관심을 끌 만한 경험'을 찾아야 하는 면이 있다.

지금까지 살펴본 방법들은 언스쿨러들의 학습 과정에서 관찰되는 대체적인 패턴이며, 새로이 시작하는 홈스쿨러들이 참조할 만한 접근법이다. 언스쿨링을 시도할 의사가 없는 이들에게는 언스쿨러들이 어떻게 '사회적 존재'로서 세상의 상식을 습득하게 되는지 이해할 수 있는 기회이기도 할 것이다. 이미 지적한 대로 자기주도 교육은 학교식 '교과목'에 구애를 덜 받지만, 세상에는 엄연히 학문 분야로 구분되는 영역들이 있다. 언스쿨링 가정들에서는 그런 구분을 세세하게 따르지는 않지만, 학제적이고 프로젝트 중심의 자기주도 교육을 실천하는 가정들에서도 앞서 논의한 세 영역의 구분은 실질적인 의미가 있다. 각 영역에서 발전하기 위한 중요한 핵심 원리에 조금씩 차이가 있다는 것을 깊이 이해하고 또 실천해 볼 수 있겠다.

(8장)
시간을 어떻게 쓸 것인가
: 시간표, 자원, 부모

언스쿨링, 즉 학습자가 주도하는 교육은 어떻게 하는 것일까? 7장에서 학문의 영역에 따라 나누어서 발전의 방식을 논의했다면, 8장에서는 각 가정의 경험에 초점을 맞춘다. 이 장에서 다뤄볼 내용은 세 가지인데, 시간표의 문제로 시작해서 그 시간을 채우는 활동 및 자원에 대한 설명, 마지막으로 성인 보호자의 역할을 다룬다. 말하자면, 학습자가 자신의 시간을 어떻게 쓰느냐의 문제와 학습자가 마주치는 세상에 대한 영역을 대비해 보는 것이다.

시간표라는 삶과 교육의 틀

모든 학습자는 시간표를 갖게 된다. 이는 초등 교육과정을 통과하는 학습자에게서부터 대학생과 대학원생을 포함한 성인 학습자까지 공통적인 부분이다. 그리고 이런 관점에서 보면, 학습 과정에 있어 공통적인 원리도 드러난다. 시간표는 학습자가 감당할 수 있는 한도 내에서 최대한 느슨한 것이 좋다는 것이다. 이것이 학습자 주도의 교육을 시도하려는 이들이 참고해야 할 원칙이다.

빡빡한 시간표는 학습자를 옭아맨다. 숨 쉴 틈을 주지 않는 스케줄은 학습자를 수동적으로 만든다. 자신이 직접 뭘 하지 않아도 할 일이 정해져 있기 때문이다. 학교 교육의 주요 특징이기도 하다. 학생-선생이라는 고정적인 역할과 미리 정해진 커리큘럼에 따라 배우는 것, 더불어 수업 시간과 쉬는 시간이 딱딱 정해지고 그것을 엄격히 지켜야 하는 구조까지. 이런 특징에 천착한 이가 현대의 고전 『바보 만들기』의 저자 존 테일러 개토이다. 그는 학교에서 학생들에게 실제로 가르치는 가장 중요한 것은 '어떤 것도 계속해서 시간을 투입할 만큼 중요한 것은 없다'는 점이라고 했다. 종이 치면 끝내야 한다는 뜻이다. 빽빽한 시간표 속 학습자는 스스로 무언가를 알고자 하는, 그나마 있던 마음도 사라지기 쉽다.

그렇다고 시간표가 너무 느슨한 것도 감당하기 어렵다. 갑작스레 생긴 자유시간을 어떻게 보내야 할지 몰라서 지루하게만 보내는 방학 중의 학생들을 떠올려보자. 그렇다면 어떻게 시간을 채워야 할까? 대략의 가이드라인을 제시하기 위해서 이제 막 언스쿨링을 시작하는 초등 저학년 연령의 가정을 떠올려 보겠다. 이 경우 아이가 가끔 "심심해"라고 말하는 정도가 적당하다. 매일같이 "심심해"를 입에 달고 산다면, 아마도 스케줄이 너무 적은 것일 테다. 반대로 무언가 큰 이유 없이 지쳐 있거나 자발적으로 뭔가를 잘 안 한다면, 하고 있는 활동이 너무 많은 것일지 모른다.

그런데 왜 살짝 심심한 것이 좋은가? 심심함은 뭔가를 창조하는 데 도움이 된다. 언스쿨러들이 창의적인 뭔가를 했을 때의 많은 경우가 살짝 지루해하다가 뭔가 해보려는 과정에서 나온 것들이다. 그리고 심심함을 해결하기 위한 과정을 주도적으로 해나간다는 것에 또 하나의 장점이 있다. 자기 시간을 자신이 직접 구성해 보는 연습이 된다.

그런 구성의 결과물인 시간표는 어떨까. 학생의 시간표보다는 프리랜서의 스케줄과 비교하면 쉽게 이해가 가능하다. 어떤 날은 정해진 일정이 없고, 또 어떤 날은 어딘가를 찾아가서 해야 할 일이 있고, 또 다른 날은 오전에만 뭔가가 있고 나머지 시간은 자유롭다. 그런 식이다. 생활의 리듬, 순환 주기cycle가 있다고 보는 것이 가장 적절할 것이다. 일주일, 한 달, 한 계절, 또 한 해를 단위로 하여 순환되는 생활의 패턴이 있는 것이다.

그 생활 패턴의 핵심 주기라고 할 일주일을 단위로 보자. 아이가 집이 아닌 다른 곳에 가서 무언가 참여하는 활동이 스케줄이고 일종의 구조가 된다. 그 스케줄이 일주일에 세 시간이 있든 여섯 시간이 있든 어떤 한 시기에 그 시간표의 틀을 세우게 되는 것이다. 미술학원이나 태권도학원 같은 학원 스케줄, 혹은 도서관이나 청소년 센터에서의 활동 등의 것들 말이다. 이런 스케줄은 대체로 만 6~7세보다는 만 9세 전후에 늘리는 것이 더 적절해 보인다. 학습자들은 더 어렸을 때 구조화된 프로그램 없이도 시간을 잘 채울 수 있는 편이다.

    이러한 정기 스케줄은 물론 모두 아이와 협의해서 정해야 한다. 무언가에 관심을 보이는 것은 아이이고, 아이의 의견이 가장 중요한 것이 자기주도 교육이다. 그런데 청소년 시기가 되면 스스로 교육 자원을 찾는 경우가 늘어나지만, 만 7~9세 아동은 자신의 관심을 발전시킬 집 밖의 기회들과 자원들에 무엇이 있고 또 어디에 있는지 알기 어렵다. 그 자원들은 학교 밖의 아동 청소년들만 접근 가능한 것은 아니지만, 자기주도의 교육을 지향할수록 더욱 중요해지는 자원들resources이다. 그런 지식과 정보 및 핵심자원인 돈을 가진 것이 양육자이다.

자원들: 무엇이 교육적인 자원이 되는가

우선 집에서 시작된다. 집에 무엇이 있어야 아이가 학교에 가지 않고도 교육적으로 결핍 없이 자랄 수 있을까? 얼마나 많이 갖춰야 하느냐보다, 최소한 무엇을 갖춰야 하는지가 중요하다.

일단 청소년기 초입의 한 언스쿨러가 교육적으로 큰 결핍 없이 살고 있는 것으로 보이는, 내 가정의 경우를 말해보려 한다. 우리 집에는 TV는 없고, 인터넷이 연결된 데스크톱 컴퓨터가 있다. 그 컴퓨터가 놓인 길쭉한 책상이 있고, 학습자의 방에도 작은 책상이 있다. 부모 각자가 노트북이 있는데, 아이는 그것을 활용하지 않는다. 책의 경우 아이 책이 약 200권, 부모의 책은 약 400권이 있다. 주간지 1종, 월간지 1종, 격월간지 1종을 보지만 모두 부모의 것들이다.

아이 방에는 세계 지도가, 부모 방에 국내 지도가 붙어 있다. 단, 유아/아동용 지도는 아니다. 지구본은 한동안 있었는데, 잘 사용하지 않아서 어디 처박혀 있는 듯하다. 국어와 영어 그림사전이 있(었)다. 한자어 속뜻사전은 있지만 많이 활용하지는 않는다. 엄마와 아빠는 각자 스마트폰이 있고, 그것을 아이가 초등 시기 내내 때때로 활용했는데 최근 아이에게도 스마트폰이 생겼다. 아이의 악기로는 리코디언과 우쿠렐레가 있다. 예전에는 전자피아노가 있었는데, 없어진 지 오래되었다.

이게 거의 전부다. 그리고 이 정도 수준이면 충분하다고 본다. 교육적인 활동을 '자기주도적'으로 할 수 있는 기본적인 조건을 말하는 것이다. 뭔가 더 많아서 나쁠 것은 없고 부모의 배경과 취향에 따라 특정 분야의 자원들이 많아지겠지만, 기본적으로 '필요한' 조건은 대략 이 정도여도 충분하다는 얘기다. 여기서 우리 집에 '평균' 이상으로 많은 것은 아마도 정기간행물을 여러 개 본다는 것일 텐데, 세 종이나 볼 '필요'는 없겠지만 하나쯤 보는 것은 아이에게 좋은 영향을 줄 것이라 생각한다. 종이를 묶어 만드는 읽을거리에 책만 있는 것은 아니란 것을 경험을 통해 알게 되면 그것도 좋은 배움이지 않을까.

홈스쿨링 또는 언스쿨링을 처음 시작하는 가

정에서는 자신의 집안 환경이 충분히 '교육적인'지 고민될 수 있다. 한 번쯤 골똘히 생각해 볼 만한 문제다. 그런데 고민을 길게 끌 필요는 없다. 부모는 걱정이 자기 일인 양 필요 이상으로 걱정하기 쉬운 존재이니까 말이다. '뭔가 결핍이 있지는 않을까' 하는 불필요한 걱정이 이어질 수 있다.

그러고 나면 이제 집 밖으로 시선을 돌릴 수 있겠다. 지역의 교육적 환경 말이다. 어느 지역이든 학부모들이 모이면 주로 하는 얘기 주제 중 하나가 그 지역의 학원이다. 어느 학원이 좋다 나쁘다 하는 경험과 생각을 나눈다. 정보와 '꿀팁'을 교환한다. 분명, 한국이라는 사회에서 학원은 학습자 주도의 교육을 도모하는 이들에게도 매우 중요한 도구이다. 그러나 한국의 학원 대부분은 입시에 최적화되어 있다. 입시만이 아니라 교육에 관심을 갖는 순간, 우리는 학원뿐만 아니라 그 지역의 다른 것들을 알아볼 필요가 생긴다. 교육적 환경으로서의 지역 말이다.

교육계, 특히 대안교육계에 '마을교육공동체'라 부르는 현상이 있다. 그리 어렵지 않게 추측할 수 있듯이, 이 말은 아동, 청소년, 혹은 성인 대상의 교육적인 기회들을 만들고 공유하는 지역 기반의 커뮤니티를 말한다. 협동조합이나 기타 비영리 단체로 조직화 및 제도화된 경우도 있고, 조직화된 정도가 매우 느슨할 수도 있다. 일부 교육자들은 그 지역의 학교들을 항상 공동체의 중심에 둔다. 2019년에 출간된 『마을교육공동체운동』을 참고하면 국내외의 동향까지 파악할 수 있다.[2]

현실적으로 말하자면 우리 사는 대부분의 지역에서는 '마을교육공동체'라고 부를 만한 커뮤니티가 형성되지 않았다. 그러나 꼭 그런 '공동체'까지는 아니더라도, 지역마다 교육적 자원들이 있다. 보통 좀 더 부유하고 좀 더 많은 사람들이 사는 곳일수록 이런 자원은 잘 갖춰져 있을 것이다. 그러나 그보다 더 중요한 요인은 의식과 선의를 갖고 그런 기회를 만들려 노력한 사람들의 시간이 쌓인 곳인가 아닌가 하는 것이다. 돈이 제법 많은 사람이 있다고 해도 혼자 힘으로는 안 되는 것이고, 일부 사람들이 뜻이 있어도 여력(돈과 정치)이 안 되면 형성시키기 어려운 일이다.

예를 들어, 내가 거주하는 부천 역곡은 '마을교육공동체' 수준으로 조직화되어 있지는 않지만, 교육적 기회가 꽤 많은 곳이다. 산울림청소년센터, 경기꿈의학교, 역곡시립도서관, 뜰작이라는 작은도서관, 제로웨이스트 바람가게 등이 모두 지역에 있다. 아이는 그곳에서 또래 및 어른들을 만나고 선생-학생 관계를 벗어난 관계를 많이 맺는다. 다양한 크기의 그룹에서 다양한 기간 동안 '단체생활'도 한다. 이른바 '사회성'이 꾸준히 길러진다. 또한, 약간 떨어진 부천의 시민회관 등에서는 수준 높은 공연도 보고, 부천역에 있는 대형 중고서점 알라딘은 우리 가족이 가장 자주 가는 오프라인 서점이 되었다.

아주 구체적인 이름까지 밝혔는데, 이런 성격의 공간들을 각자의 지역에서 찾아서 활용하는 것이 중요하다. 먼 곳에 있는 눈에 띄게 크고 잘 만들어진 과학관도 좋지만, 가깝게 존재하는 공간을 알아볼 수 있는 눈이 중요하다. 그리고 그런 자원을 찾다 보면 아동 청소년의 자기주도성을 염두에 두고 의식적으로 만든 조직이 보일 것이다. 대표적인 예가 경기도의 '몽실학교'와 서울의 '친구랑'이다.

그중에서 먼저 설립된 것은 지금은 경기이룸학교로 통합된 몽실학교이다. 청소년 자치활동으로서 주목을 받기도 하는 이 방과후학교는 "청소년 스스로 삶에 기반한 교육과정을 만들어가는 배움터"라고 불린다. 2018년에 출간된 『몽실학교 이야기』라는 책에서 어떤 성격의 공간인지 아주 상세히 기술하고 있다.

간략하게 소개하면 이 방과후학교는 아이들이 와서 3D 프린터 활용법이나 드론 운용법 같은 것을 배우기도 하고, 친구들과 수다도 떨고 연극도 만들고, 함께 역사기행을 기획해서 떠나기도 하는 그런 공간이다. 사용자 중에 학교 밖 청소년도 있겠지만, 대부분은 학교에 다니는 아이들이다. 그와 대조적으로 서울시교육청에서 운영하고 있는 친구랑은 '학교 밖 청소년 도움센터'다. 관악구 신림동에 그 본부가 있고, 영등포, 마포, 노원, 강동에도 센터들이 있다. 이 센터들도 몽실학교와 비슷한 시기에 만들어졌다. 이름에서부터 알 수 있듯이 학교 밖 청소년을 주요 대상으로 한 프로그램들을 운영하고 있다. 주로 하는 사업은 교육 프로그램, 상담(진로 및 정서 지원), 복지 지원이다.

몽실학교와 친구랑 외에도 도시 지역에는 청소년 센터가 많다. 그리고 학교 밖 청소년을 위한 '꿈드림'이라는 곳도 있다. 이런 수많은 청소년 센터들이 실질적으로 언스쿨링 자원센터로서 기능할 수 있다. 그들이 어떤 점을 갖추어야 청소년들의 자기주도성을 존중하고 키운다고 할 수 있을까?

가장 중요한 세 가지를 꼽아본다. 첫째, 프로그램을 짤 때 커리큘럼을 우선적으로 고려하는 것이 아니라 참여자의 관심사를 반영하는 데 초점을 맞춘다. 여기서 커리큘럼이란 청소년들이 그때 알아야 할 모든 것을 전달해야 할 것만 같은 성인들의 바람을 가리킨다. 그보다는 교육 프로그램을 구성할 때, 학습자의 의견을 반영하고, 그 결정 과정에까지 학습자들이 참여할 수 있도록 하고, 그것을 상시적으로 가능하게 만든다면, 즉 지배구조에 반영한다면 가장 좋을 것이다.

둘째로 청소년이 센터에서 만나는 어른들이 선생보다는 사서 같은, 부모보다는 이모나 삼촌 같은 이가 된다면 좋을 것이다. 처음에 공간을 소개하고 나서부터는 질문을 던지면 대답해 주는 사람, 뭘 자꾸 가르치려고 하기보다는 학생들을 알려는 노력을 하는 사람, 기본적인 안전 관리나 갈등 상황 조정 말고는 아이들이 뭔가 할 때 크게 개입 안 하는 사람, 어른들이 그런 사람에 가까워질수록 언스쿨링 센터가 되고 있는 것이다.

마지막으로 거기에서 만나는 또래들이 경쟁자가 아니라 팀원이나 협력자가 되어야 한다. 이 부분에서는 센터가 석차를 매기는 학교나 학원이 아니기 때문에, 자연스럽게 강점을 갖는다. 다만 그 강점을 살려서 학생들이 팀을 만들어가는 과정이나 네트워크 형성을 하기에 좋은 환경을 만들면 좋겠다. 그래서 청소년들이 소규모(3~5명) 또는 중간 크기(10명 내외)의 그룹에서, 서로 간의 차이가 그룹의 강점이 되는 경험을 해볼 기회가 생기면 좋을 것이다. 그리고 두 살에서 다섯 살 정도의 차이가 나는 청년, 청소년들 사이에서 또래 멘토링이나 모델링 현상이 일어나면 잘하고 있는 것이라 하겠다.

이런 세 가지 특징이 있으면 청소년 관련 여러 기관에서 자기주도 교육의 철학을 실천하고 있다고 말할 수 있다. 우리 사회에 그런 물리적 기반이 점점 갖추어지고 있다는 사실이 매우 희망적이다. 몽실학교와 친구랑 외에도 많은 모델이 만들어질 것이라 생각한다. 이미 운영 중인 공간 중에는 IT 기업가들의 출연으로 만들어진 NC문화재단이 운영하는 프로젝토리나 도서문화재단 씨앗의 스토리스튜디오, 그리고 전통의 하자센터 등이 있다.

보호자의 역할

마지막으로 앞서 논의하고 소개한 자원들을 활용하는 데 있어 필요한 부모의 역할을 논의하겠다. 시연자demonstrator, 대화 상대, 그리고 기록자라는 세 가지 역할을 중심으로 얘기할 수 있다.

시연자라는 역할은 애초에 가정 내의 부모와 자녀의 관계이자 사회화의 연장선에서 발생하는 역할이다. 그리고 바로 앞에서 논의한 교육 자원들을 어떻게 사용하는지 보여주는 역할이기도 하다. 예를 들어, 인터넷을 어떻게 활용하는가의 경우, 인터넷을 이용해서 논문 등의 전문자료를 검색하는 모습까지 보여줄 필요까지는 없지만, 초등 나이의 아이라도 뉴스 검색, 유튜브 검색, 구글 검색, 구글맵 활용 등은 충분히 보고 배울 수 있다. 부모가 가르치려고 해서가 아니라, 주변의 어른이 하는 자연스러운 활동이 아이에게 모방하고 배울 수 있는 살아 있는 교재가 되는 것이다. 꼭 그 사이트가 구글일 필요는 없고, 네이버든 뭐든 '찾아보는' 모습이 중요하다. 이게 일종의 시연 demonstration이고, 정신적 기술skill의 전수이다. 또 빠질 수 없는 것이 도서관을 찾고 책을 읽는 모습이다. 궁극적으로 이런 시연의 목표 중 하나는 어른도 배우고 성장할 수 있다는 것을 몸소 보여주는 것이라고 할 수 있다.

보호자의 둘째 역할은 대화 상대이자 그 대화에서 리더십을 발휘하는 것이다. 교육학자 조용환은 『교육다운 교육』에서 대화가 교육에서 얼마나

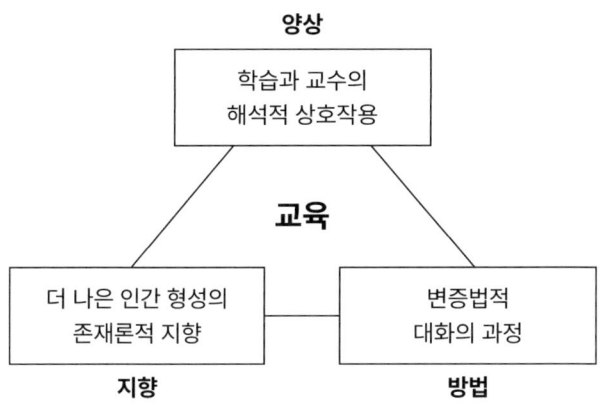

[그림2] 교육의 본질
출처: 조용환, 『교육다운 교육』, 2021, 82쪽

중요한지를 잘 설명하고 있다. 위에 옮긴 그림 자료에서 그는 교육의 세 가지 필수적이고 핵심적인 요소를 기술하고 있다. 그중에 방법을 차지하고 있는 것이 바로 대화이다.

   그 대화를 위해 우선 어른은 들어야 한다. 듣기란 진정 삶의 기본적인 기술이다. 자기주도 교육을 위해서는 이런 삶의 기본적인 기술들이 한층 더 중요해진다. 평소에 너무나 기본적이고 기초적이라서 무시하기 쉬운 삶의 기술들 말이다. 관찰하기와 반응하기, 이런 것들이 중요하다. 그리고 그만큼 핵심적인 것이 듣기 기술이다. 주의 깊게 듣고자 하는 마음과 능력 말이다. 그것이 학습자의 배움을 촉진하는 핵심 기술이다.

아래는 한 언스쿨러가 약 만 7세경에 무엇인가를 배우는 전형적인 과정을 부모가 성찰하며 기록한 것이다. 길게 인용해 본다. 괄호 안의 숫자는 아이가 해당 주제를 몇 번째로 다루고 있는지를 세는 것이다.

K의 경우를 보면 이런 식이다. 예를 들어, 책에서 폭풍이나 해일에 대해서 읽는다(1). 그 내용 중에 특히 재미있다고 느낀 부분을 아빠나 엄마에게 설명한다(2). 새로 알게 된 바를 그림으로 그린다(3). 그것을 엄마/아빠에게 보여주고 디테일을 알아봐주지 않으면 직접 설명한다(4). 그리고 나서는 잊어버린 듯 지낸다. 그런데 때때로 그것을 다시 생각나게 하는 상황이 생긴다. 이를테면, 세계의 여러 지역들을 소개하는 책에서 필리핀이 겪었던 태풍을 묘사한다. 그러면 그것에 대해서 전에 읽고

그래서 알고 있던 내용을 얘기한다(5). 이게 한 번의 큰 순환이다.

아이가 한 주제를 읽고 그리고 설명하는, 즉 다각적인 방법으로 배우고 익히는 과정이 묘사되고 있다. 이 중에 두 번째, 네 번째, 그리고 다섯 번째에서는, 모두 보호자가 매우 중요한 역할을 한다. 주의 깊게 듣는 것이다. 여기서 반응은 둘째 문제이고, 우선적으로 듣지를 않으면 전체 과정에 제동이 걸린다. 배우고(學, Learning) 익히는(習, Consolidation) 과정을 충분히 하려면, 잘 들어주는 이가 꼭 필요하다.

우리 주변을 다시 둘러보면, 아이를 양육하는 부모든, 그 부모를 방문한 다른 어른이든, 그리고 대놓고 가르치라고 역할이 주어진 선생까지, 학습자 주변의 모든 이들이 공통적으로 하는 것이 듣기다. 그런데 듣기를 할 기회가 너무 많아서, 즉 아이들이 시도 때도 없이 말을 걸어와서, 듣기가 얼마나 중요한지 잊기 쉽다. 그들이 지금 배우는 과정이라는 것을 잊어버리는 것이다.

그렇게 학습자의 얘기를 듣고 나면 부모나 보호자는 학습자와 본격적인 대화를 나누게 되는데, 언스쿨링하는 아이의 부모는 아이에게 알려주고 싶은 것이 있을 때 어떻게 하는 것이 좋을까? 대화를 통해서 해야 한다. 대화가 아니라 강의하듯 하는 말은 최소화하는 것이 좋다. 평소에 하고 싶은 얘기가 있으면 그냥 속에 담고 있다가 자연스러운 상황이 주어졌을 때 대화를 하는 것을 지향해야 한다.

그러나 만 6~7세 되는 아이에게도 조언을 해 줄 만한 때가 있다. 그때는 추상적인 원리보다는 자신의 경험을 들어 얘기하는 게 좋은 방식이다. 굳이 조언이라 생각할 필요도 없을 것이다. 그저 '나는 비슷한 상황에서 어떻게 했는지'를 대화하는 과정에서 공유해 주면 충분하다. 예를 들어, 나의 언스쿨러 아들이 2020년 처음으로 준비한 연극을 집에서 올리는 날이었다. 아침밥을 먹으면서 아들은 저녁에 연극할 생각을 하면 좋으면서도 긴장된다고 했다. 얼굴에 긴장감이 보였다. 나도 어떤 행사를 준비하면서 긴장된 적이 있다고 말해주었다. 그래서 내가 어떻게 했는지 아느냐고 아들에게 물었다. "어떻게 했는데?" 아직도 긴장된 얼굴로 두 눈을 반짝이며 묻는다. 그 행사의 기대되는 부분에 마음을 집중했다고 말해주었다. "그렇구나~" 하는 눈빛이 스치고, 곧이어 아이의 표정이 누그러졌다. 마음이 한결 편해진 것이다.

내가 만약 "원래 그래", "다 그래", 혹은 "별거 아니야", "무슨, 집에서 간단한 연극 하나 올리면서" 등의 말을 했다면 아들의 긴장감을 풀어줄 수 있었을까? 그렇지 못했을 것이다. 아이의 행동이나 생각이 어른이 보기에 별거 아닌 것이라든지, 부족함이 많아 보인다고 해서 자신의 현재 위치에서 판단하고 그대로 말하면, 아이와 교류하는 데 도움이 되지 않는다. 아이가 자기 나름대로 어떤 문제에 직면했을 때, 부모에게는 조언을 해줄 만한 순간이 찾아온다. 그럴 때 추상적인 원리보다는, 본질적으로 비슷한 상황을 겪었던 경험을 공유하는 것이 좋다. 아이와의 관계 면에서도, 그리고 그 사안의 해결이라는 당면 과제의 면에서도.

부모의 역할 중에서 마지막은 기록자이다. 언

스쿨링이라는 교육법과 학교 교육의 운영상 차이의 핵심은 커리큘럼의 유무이다. 언스쿨링은 커리큘럼을 미리 준비할 필요가 없는 대신에, 지나온 과정에 대한 복기가 꼭 필요하다. 이때의 기록이란 정기적인 기록을 말한다. 여행 등의 특별한 경우가 있어서 하는 비정기적인 기록도 그 나름대로 필요하고 좋은 기능을 할 수 있지만, 무엇보다 정기적인 활동, 아이의 발달 현황, 주기적인 성찰 reflection이 필요하다.

이런 기록을 해야 하는 이유는 크게 두 가지로 나누어볼 수 있겠다. 첫째, 스스로 돌아보고 발전하기 위해서다. 언스쿨링하면서 일어나는 눈에 띄는 일들을 기록해야 패턴을 알 수 있고 이것이 반성의 재료가 된다. 우리가 살면서 수많은 일을 겪고 새로운 것을 보고 듣지만, 그런 경험이 곧바로 배움이 되지는 않는다. 학습자가 보이는 행동과 생각이 어떤 양식과 유형을 보이는지, 그때그때의 느낌에 기대서는 정밀하게 파악하기 어렵다. 게다가 어떤 문제가 있다면 지금 무슨 문제가 있는지, 지금 하는 방식에 한계점이 있다면 어떤 한계점이 있는지 파악하는 것은 나름의 체계를 갖춘 기록이 바탕이 되어야 가능하다. 그리고 이런 '문제 해결'의 도구로서뿐만이 아니라, 학습자가 직접 기록을 하게 된다면 요즘 주목받는 '메타인지'를 높이는 기능도 할 것이다.

둘째는 학교를 포함한 다른 이들과 소통하기 위해서다. 의무교육을 운영하는 이들과 소통할 때도 유용할 수 있다. 그러나 그보다 실질적으로 더 중요한 소통 상대는 상급학교일 것이다. 상급학교에 진학하고 싶을 때 이 기록들이 필요하다. 언스쿨러에게는 커리큘럼이 미리 정해져 있지 않지만, 그들이 지나온 과정을 기록하면 그것이 교육 내용이자 커리큘럼이 된다. 그 내용을 바탕으로 교육계 종사자들이 이해할 수 있는 문서를 만들 수 있다. 참고로 홈스쿨링 사례가 훨씬 많은 미국에서는 대학에 제출할 홈스쿨링 '성적표'를 만드는 방법에 대한 책까지 있다. 홈스쿨러가 한국의 대학에 갈 때 그런 성적표로 인정받은 사례는 보고된 바가 없지만, 한국에서도 그런 다양한 방식의 '학업 인정'이 가능해지는 날이 올 것이라고 기대한다.

언스쿨링을 기록하는 적절한 방식에 대한 내 제안의 핵심은 '원하는 대로'다. 나름의 체계가 있으면 어떤 방식으로 하든 상관이 없다는 것이다. 그러나 어떤 구체적인 모델이 있으면 그것을 유용하다고 느끼고 참고할 사람들이 있을 것이다. 그래서 나의 가정에서 하는 방식을 예시로 들어 보겠다.

우리 가정에는 주간기록이 있고 격월기록이 있다. 주간기록은 크게 인풋과 아웃풋으로 나뉜다. 읽는 것, 유튜브 본 것, 어딘가에 다녀온 것, 그림 그린 것, 글 쓴 것, 기억에 남는 질문, 이 모든 것을 간단히 기록한다. 그렇게 한 주가 가고 주말에 그 주간의 기록을 읽어보면, 그 주에 아이가 무엇을 하면서 주로 시간을 보냈는지 알 수 있다. 이 기록은 매일 아주 가볍게 한다. 어떤 날은 빼먹기도 하는데, 대부분은 하는 편이다. '하루에 단 1분' 만에 적는다는 느낌으로 기록해 나간다. 그렇게 해도 중요한 것은 대부분 놓치지 않는다. 우리는 이 주간기록에는 이런저런 평가나 반성의 말을 포함시키지 않는다. 그런 것을 포함시킬 만큼 매주 중요한 일들이 일어나지 않기도 하거니와, 그것을 쓰기 시작하면 시간이 오래 걸리기 때문이다. 주간기록을 하는 데 있어서는 '얼마나 공을 덜 들이고 할 수 있는가'도 중요한 기준이다.

격월간의 기록은 구성이 조금 다르다. 어떤 활동을 했는지도 기록하지만, '발달상황'을 최대한 기록하려고 한다. 나름대로 파악한 발달의 수준에 대해서 코멘트하고, 전에는 안 되던 것들이 그 시기에 되면 그것을 특히 강조한다. 이것도 두 파트로 나뉘는데, 첫 번째 파트는 신체적, 사회적, 그리고 정서적 발달상황이다. 초등 아이의 이가 몇 번째로 빠졌는지에서부터 심부름을 처음으로 하게 된 에피소드, 그리고 공감능력의 발달을 보여주는 말들까지도 기록한다. 두 번째 파트는 지적인 발달이다. 총평을 쓴 뒤 구체적으로는 읽고 쓰기, 과학(수학), 예술, 사회로 나누어 기록한다. 예술 영역은 읽고 쓰기와 합쳐질 때도 많다. 나름의 평가를 하고, 여기에 기록한다. 이 기록은 두 달에 한 번씩 하는데, 한 번 할 때 대략 두 시간 정도 걸린다. 주로 내가 먼저 초안을 작성하고 아내가 추가한 다음에 내가 다시 한번 훑어보면 완성이다.

지금까지 나의 가정에서 실천하고 있는 기록을 예로 하여 무엇을 어떻게 기록할 수 있는지 설명하였다. 이것은 일종의 모델이다. 나의 경우 외에도 홈스쿨링 가정의 사례들을 책이나 온라인상에서 찾아서 모델로 삼을 수 있다. 이런 것들을 참고 삼아 자신의 집과 아이의 사정에 맞게 하면 될 것이다. 형식도 '포토북과 코멘터리' 등 다양한 방식이 가능할 것이다. 그리고 기록의 주기가 달라질 수 있을 텐데, 격월로 하는 나의 경우와 달리 계절의 변화에 맞춰서(그러니까 1년에 4번) 하는 방안도 좋을 것 같다. 언스쿨링 가정은 누구보다 자연의 흐름에 반응하며 살기 때문이다.

특히 학습자가 스스로 기록할 수 있다면 가장 좋은 시나리오일 것이다. 초등교육 시기에는 보호자가 하고, 만 12세 전후부터는 아이가 직접 기록한다면 더할 나위 없이 좋을 것이다. 메타인지 능력을 제고하는 데 참 좋은 활동이 될 것이다.

각 가정에서 이 논의를 참고할 때

지금까지 시간표, 교육 자원, 그리고 보호자 역할에 초점을 맞추어 학습자가 주도하는 교육을 하는 방법에 대해서 설명하였다. 앞선 장에서는 학문 분과별로 초등 연령의 언스쿨러들이 어떻게 학습하고 발전해 나가는지 원리를 따져보았다.

7장과 8장에서는 공통적으로 언스쿨링이라는 교육방식을 실천해 보는 데 관심이 있는 이들을 위한 실용적인 제안에 초점을 맞추었다. 특히 8장에서 제시된 내용은 이 낯선 교육방식을 체계적으로 이해하고 실천할 수 있도록 아주 구체적인 사례, 특히 내 가정의 구체적인 사례들을 활용하고 있다. 그 구체적인 내용 없이는 추상적인 원리를 깊이 이해하기 어렵기 때문이다. 그러나 다른 장보다는 학술적 보편성보다 개별 사례의 특성이 많이 반영되었다고 자평한다. 그 사례가 언스쿨링을 실천하는 올바른 하나의 방식이라기보다는 학습자 발전 과정의 구체성을 드러내기 위해 내가 가장 잘 활용할 수 있는 특정 사례라는 점을 염두에 두

면서, 독자들이 이를 이해하고 활용할 수 있기를 희망한다.

(9장)
우리 사회가 자기주도 교육을 하려면

앞선 두 장에서는 각 가정에서 자기주도 교육을 잘하기 위한 방법을 다루었다면, 이번 장은 학습자들이 배우고 성장하는 과정에서 좀 더 개성을 존중받는 사회를 어떻게 만들 것인가를 다룬다. 즉, 지금까지는 개개인이 자기주도적인 학습자가 되느냐 마느냐의 문제에 집중했다면, 이번에는 자기주도 교육이라는 교육철학이자 교육방법이 가정을 넘어 우리 사회에 퍼질 수 있게 하려면 무엇이 필요한가를 따져보는 것이다.

개인과 사회

근래 주목받는 저출산 혹은 저출생의 문제처럼, 이 문제도 개인의 삶과 사회 간의 괴리와 관련이 있다. 한국이라는 나라는 지난 60여 년간 눈부시게 발전했다. 매우 성공적이었다. 그런데 이 성공이 뜻밖에 우리의 발목을 잡는다. 사회적 단위에서 봤을 때 본질적으로 다르게 해볼 생각을 못하게 만드는 이유 중 하나로 작동하는 것이다. 지금과 같은 방식으로 했음에도 불구하고, 혹은 보기에 따라서는 그렇게 해서 이만큼 성공했는데 왜 본질적으로 바꾸려고 하겠는가? 바로 그러한 이유로 대학 입시든 무엇이든 변화를 시도할 때조차 땜질식 처방이 계속되고 있다.

하지만 우리 교육체계에 대한 불만은 많이 쌓여 있다. 오히려 현재 한국의 교육체계에 만족한다고 하는 사람을 찾기가 더 어려워 보이는 수준이다. 학부모도, 학생도, 교육자도, 그리고 심지어 그 체계를 만든 교육 행정가들도 지금의 교육에 만족하는 사람은 별로 없어 보인다. '문제 풀이의 달인'을 만드는 교육에 대한 불만이 많이 쌓여 있는 것이다. 말하자면 김누리 교수와 같은 사례에서처럼, 다른 체계로 이행하기 위한 혁명적인 선언 그리고 그에 대한 상당한 반응이 있다. 그 바탕에는 수많은 사회 구성원들의 불만이 자리 잡고 있다.

하지만 그런 선언에서 얻는 신선한 충격도 잠시뿐, 많은 사람들의 뜻이 쉽사리 모이지는 않는다. 지금과 같은 교육에도 불구하고 봉준호가 나오고, BTS가 나오고, 심지어 서구권에 항상 열등감을 느끼게 하던 학계에서도 지속적인 발전을 이루고 있기 때문이다. 국제저널에 연구결과를 내는 학자도 꾸준히 많아지고, 피인용지수가 높은 연구자도 꾸준히 늘고 있다. 이른바 주요 대학들의 세계 대학 순위가 조금씩이지만 꾸준히 올라가는 경향을 보인다. 게다가 얼마 전에는 노벨문학상 수상자까지 나왔다.

그리고 그런 '실적'들은 우리의 시스템이 효과적인 틀을 만들어서가 아니라 개개인을 쥐어짜서 나오는 것이다. 이 상태에서 구조적인 변화를 잘 만들어내면 시스템 안의 구성원들의 불필요한 스트레스는 줄이면서도, 오히려 더 나은 결과가 나올 수 있다. 그런데 교육에 관한 한 구조적인 변화 없이도 국가의 역량이 높아진 역사가 쌓여 있다 보니, 그저 '우리가 조금씩만 더 잘하면' 될 것 같은 착각에 집단적으로 빠져 있다. 이를테면 성공의 저주에 갇힌 것이다. 그것이 교육의 면에서도 국가는 성공적인데 구성원들은 힘이 들고 행복하지도 못한 이유이다.

무엇을 다르게 할 것인가

그렇다면 나는 무엇을 다르게 하자고 제안하는 것인가? 쉬운 것과 어려운 것, 두 가지가 있다. 쉬운 것은 새로운 무언가를 짓는 것이다. 우리 사회가 항상 하던 방식인데, 방향만 약간 트는 것이다. 과학 분야를 예로 들어보자. 그 영역에서 상대적으로 쉬운 변화는 동네마다 과학관을 짓는 것이라고 하겠다. 중앙 정부의 지원을 받되, 시청이나 구청 같은 지방 정부가 맡아서 책임지고 운영하면 되지 않을까? 아주 클 필요도 없다. 오히려 작고 가까운 과학관들이 필요하다.

과천이나 대전의 과학관들이 크고 다채롭고 좋기는 한데, 활용도가 얼마나 높을지는 모르겠다. 물론 방문하는 사람들의 만족도는 높을지도 모른다. 일단 가면 즐겁게 경험할 것이 많다. 게다가 우리는 돈이나 시간을 많이 투자해서 찾아간 곳을 실제보다 더 만족스럽다고 평가하는 경향이 있다. 행동경제학 등에서 자주 확인되는 사실이다. 하지만 그런 대형 과학관에 얼마나 많은 사람들이 찾아갈까? 작은 과학관은 교육 자원에 대한 접근성을 사회적 단위에서 크게 높이는 방법이 될 것이다. 쉽게 찾아갈 수 있게 되면, 더 자주 찾아갈 것이다. 활용률이 높아질 것이다.

그런 과학관에는 무엇이 들어갈 수 있을까? 사실 이런 공간은 '과학을 배운다'기보다는 과학적인 현상을 재미있게 체험하며, '신기함'을 느껴보는 곳이다. 그거면 충분하다. 사실 그런 사회적 필요need와 욕구가 있다는 것을 이미 자본이 파악하고 반응하고 있다. 사립과학관들이 생기는 것에서 알 수 있다. 예시로 '에디슨뮤지엄', '워너두 칠드런스 뮤지엄' 등이 있다. 체계적으로 파악해 보진 않았으나 훨씬 많이 있을 것이다. 이런 곳들이 체험 중심 hands-on experience (작은)과학관이다.

문제는 이런 곳들은 입장료가 조금 비싼 편이라는 것이다. 즉, 경제적 형편이 안 좋으면 아이를 데리고 가기 어렵다. 그리고 더 큰 문제는 이들은 수지가 맞지 않으면 바로 문을 닫을 것이라는 점이다. 사설 과학관에 우리 아이들의 교육은 장사에 도움이 될 때만 신경 쓰는 것일 뿐이다. 이 두 가지 문제를 해결할 방법이 바로 시청이나 구청에서 이런 공간을 만들고 운영하는 것이다. 도서관 건물의 일부를 활용하는 것은 비교적 수월한 하나의 방편이 될 것이다.

큰 과학관을 운영하거나 더 많이 만들기 위해서 애쓰는 분들의 노고를 깎아내릴 뜻은 전혀 없다. 그러나 미래 지향적이며 정말로 교육적인 방식은 어른들 보기에 좋은, 생색내기 좋은 큰 건물 말고, 아이들이 쉽게, 자주 찾아가서 재밌게 경험할 수 있는 그런 공간을 만드는 것임을 잊어서는 안 될 것이다. 이것이 더 나은 과학 교육일 뿐만 아니라, 교육 자원에 대한 정책적 전환으로 나아가는 길이다. 비교적 쉬운 일이면서 자연스러운 패러다임의 전환이 가능하도록 디딤돌을 놓는 것이다. 그런 디딤돌 위에 더 어려운 일이 가능해진다. 바로 우리 사회의 인식 전환이다.

인식의 전환
: 정말로 모든 아이들의 성장을 위해

현재 한국의 교육은 대표 선발전과 같은 모습이다. 그러니까 각 학교에서는 그 학교의 최고 성적을 누가 내는지 경쟁하고, 지역에서는 지역 대표, 국가적으로는 국가의 대표라고 할 학생들이 누구인지 선발하는 것 같은 교육을 한다. 마치 스포츠에서 올림픽에 나갈 사람을 선발하는 것처럼, 최고의 기록을 보이는 학생을 골라내는 데 총력을 다하는 그런 시스템이다. 중등교육의 끝에서 의대나 명문대에 갈 학생들을 선정해 내는 입시가 우리 교육에서 지니고 있는 사회적 영향력을 떠올려

보라.

    그 대척점에 있는 교육방식은 모든 아이들이 각자 나름대로 발전해 나가도록 돕는 것이다. 그런데 우리의 가치관은 계속해서 달라지지 않아 그 목표는 후순위로 밀리는 상태가 유지되고 있다. 현재의 시스템에 대해 불만이 꽤 많지만, 대표 선발전이라는 성격 자체에 대해서는 심각한 문제 제기가 많지 않다. 그런 현실을 보여주는 근거가 많은데, 내가 특히 조명하고 싶은 것은 '대표 선발전'과는 매우 대비되는 교육방식이 외면받는다는 것이다.

    예를 들어, '배움의 공동체'라는 아이디어이자 교육방법이 한국에 소개된 후 일부 학교와 선생님들 사이에 알려져 있지만, 그 이상으로 더 주목을 받지도 더 확산되지도 못하고 있다.[3] 혁신의 아이디어로서 퍼져나가는 속도가 지지부진한 것이다. 그리고 그런 상태는 우리 사회와 교육 시스템의 가치관 혹은 우선순위가 어디에 있는지를 보여준다. 또 다른 공교육 내의 자기주도 교육 시도로 혁신학교를 들 수 있다. 물론, 어느 정도 준비가 잘

된 곳과 잘 안 된 곳, 구성원들 사이의 합의를 이끌어낸 후에 시도하는 곳과 별로 그렇지 못한 곳이 있을 것이다. 그러나 혁신학교는 '배움의 공동체'와 함께 분명 자기주도성을 공교육 내에서 실천하는 매우 의미 있는 시도이다. 그런 시도를 반기는 학부모들이 왜 이렇게 적은가. 이것이 '대표선발전' 시스템을 지지하거나 그것에 동조하는 우리 사회를 보여주는 간접 지표라고 할 수 있다.

혁신학교와 '배움의 공동체'와 같은 시도들은 교육의 본질적 의미에 가장 충실한 '누구도 빠뜨리지 않고 성장하는' 교육이다. 그러나 크게 환영받지 못하고 있는 실정이 문제다. 소수의 '영재'를 찾고 가장 뛰어난 사람을 찾는 교육이 계속 이어지고 있다. 나는 그 두 가지 목표가 반드시 충돌한다고는 생각하지 않는다. 그러나 그것들이 충돌할 때 전자를 뒷받침하고 싶다. 아쉽게도 한국은 너무나도 명료하게 후자에 손을 들어주고 있다. 가장 어처구니없는 점은 전자도 말로는 한다는 것이다. 그러나 우리의 행동을 보면 후자가 한참 더 중요하게 작동하고 있다. 결국, 우리의 가치관이 달라지지 않고는 큰 틀에서 변화가 없을 것이다. 교육은 올림픽 대표 선발전이 아니다. 여기에 동의하는 시민은 몇 퍼센트인가? 그것이 문제다.

우리 인식과 가치관의 변화는 우리의 일상을 달라지게 할 것이다. 더 많은 부모들이 아이들에게 책을 읽어주는 사회가 되고, 아이들에게 노는 시간이 더 많은 사회가 되고, 배우는 사람 누구든 더 자주 도서관에 가고 더 가까운 곳에서 과학관을 찾을 수 있는 사회가 되고, 교육자는 학습자의 현재 수준에 민감한 사회가 될 것이다. 사회 구성원 개개인의 생각과 취향이 존중받고 누구나 발전의 기회가 있는 그런 사회를 꿈꾸자. 우리는 이미 그런 것을 가능케 할 경제적 기반을 갖추고 있다. 내실만 선진국답게 만들면 된다. 우리는 할 수 있다. 용기를 내보자.

Special Section
성인이 된 자기주도 학습자 3

장이삭(만 19세)

우리가 세 번째 만나볼 사례는 2006년생 장이삭 씨의 가정이다. 여기서는 그의 아버지 장기홍 씨를 주로 인터뷰했다. 이삭 씨는 2024년 한 해 동안에 여러 교육적인 성과들을 이루어냈다. 구글 머신러닝 부트캠프를 수료하고, 네이버 부스트캠프 AI Tech 준비과정을 수료했다. 게다가 그 전해인 2023년에는 국비 지원 '서비스산업 데이터 분석가 취업캠프(파이썬)'도 수료했다. 이런 프로그램과 대회들은 대학을 이미 졸업했거나 최소한 재학 중인 청년들이 주로 지원하는 기회들이다. 그렇기에 아직 대학에도 진학하지 않은 그의 성취가 눈부시다.

그런 자신감 때문일까? 장기홍 씨는 2024년 10월 말에 '한 아이가 AI 전문가를 꿈꾸며 걸었던 과정'이라는 온라인 강연을 내놓았다. 나는 그 강연을 들은 것에 이어서 2025년 1월에 그를 만나러 영종도의 자택으로 찾아갔다. 장기홍 씨의 블로그를 통해 3년 이상 지켜봐 온 이 가정의 삶의 터전에 직접 방문하여 이 가정의 교육방법을 찾아보려 하였다. 그들은 어떻게 해서 이런 중간 결과에 도달했을까?

이삭 씨는 여느 아이들처럼 초등학교에 입학했다. 2013년의 일이었다. 장기홍-주찬실 부부는 홈스쿨도 괜찮겠다고 생각했지만, 미리부터 학교를 안 보낼 생각은 하지 않았다. 아들은 1학년 때는 "귀여움도 좀 받고" 잘 지내는 듯했다. 그러다 2학년 때가 되어 "자기 행위에 대해서 계속 통제받는 느낌을 좀 받았"는지 집에 와서 그에 대해 얘기를 하기 시작한다. 교실에 들어온 새와 나비 등을 봐도 꼼짝 말라는 선생님은 약과였다. 벼룩시장 같은 활동을 할 때 다른 이들이 궁금해서 자신의 자리를 지키지 않고 여기저기 기웃거리다가 등을 손으로 맞은 날은 억울함을 토로하기도 했다. 그런 일들이 쌓이자 부모는 학교에 안 가도 되는지에 대한 아이의 계속되는 질문을 피하고 싶지 않았다. 책은 스스로 읽어야 한다는 얘기에 고개를 끄덕인 아이는 2학년 여름방학부터 조금씩 홈스쿨링 모드로 전환했다. 3학년부터는 본격적으로 학교 밖 생활이 시작되었다.

이삭 씨가 초등 시기에 했던 가장 두드러진 활동은 곤충 채집이었다. "주로는 잠자리 매미… 곤충 잡으러 다녔어요." 아버지의 말이다. 책을 보다 나온 사진이 찍힌 곳을 그렇게 가보고 싶어 했던 이삭 씨다. 한참을 곤충에 빠져 살던 그는 소리로 매미 종류를 구분할 수 있는 수준이 되고, 한 번 곤충을 잡으러 나가면 30~40마리를 잡아 오기 일쑤였다. 특히 좋아했던 잠자리 중에서는 겨울에 활동하는 종이 있음을 파악하기에 이르렀으며, 한겨울에 뒷산에서 그 종을 잡아내기도 했다.

이삭 씨를 비문학 분야의 고전으로 이끌어준 것도 곤충에 대한 책이었다. 책, 그중에서도 고전

읽기에 관심 있는 가정은 참 많다. 이 부부 역시 그러했다. 그러나 문학이나 역사와 같은, 이야기에 기반한 것들에 비해서 비문학은 그 시작이 어려울 수 있다. 그래서 나는 "처음으로 독파한 비문학 고전이 무엇이었냐"는 질문을 했고, 그 답은 곤충이었다. "파브르 곤충 10권짜리를 4~5번을 읽었을 거예요. 그런데 관련된 주제의 책들이 참 많아요. 최재천 교수님 책도 있고 각종 미생물이라든지, 그런 것들을 이제 배경 지식이 있으니까 잘 읽죠. 과학 교양 서적이죠."

그러면서 장기홍 씨는 특히 여유와 자유를 강조했다. "저는 책을 읽는 거는 아이들이 좀 자유롭고 시간 여유가 있으면 누구나 할 거라고 생각해요. 근데 그게 아니고 여유가 없고 우리 어른들도 일이 바쁘면 책 안 읽게 되잖아요." 그는 말을 이어갔다. "공부를 너무 많이 하면 모든 시간에 쉬고 싶고 좀 쉬운 걸 하려고 하지, 그런 게 장애지 다른 건 장애가 된다고 생각을 안 했어요." 좋아하는 책, 재밌는 책, 특히 이야기 책으로 시작하길 권하는 그다.

자녀의 관심사와 특성을 최대한 존중하는 방식은 자녀의 교우 관계에도 영향을 미쳤다. 초등 고학년 시기에 이삭 씨는 일산 꿈드림에 주기적으로 다니며 또래들을 사귀기도 했지만, 그 외의 또래와 만나는 기회를 만들려고 특별한 노력을 하지는 않았다. 아이가 그다지 큰 갈증을 보이지 않았기 때문이다. 오히려 청소년기에 복싱과 같은 운동을 꾸준히 배우다 보니 거기서 어른들을 사귀게 되었다. "홈스쿨을 하면 오전에 복싱장을 가잖아요. 사람이 없을 때. 그땐 다 어른들이거든요. 그런 사람들하고 친구라고 생각해요. 어렸을 때부터."

그렇다면 코딩과 AI 공부는 언제 시작한 것일까? 중학 연령이 되면서 코딩 학원에서 기본적인 컴퓨터 활용법을 가르치는 수업을 들은 것이 시작이었다고 한다. 그러나 그리 효과가 높은 공부는 아닌 것 같아 기흥 씨는 특정 프로그램(Python)을 배우는 것이 유용하겠다고 판단했고, 그 권유를 이삭 씨가 받아들였다. 문제는 가르쳐줄 사람이었다. 그 사이에 이삭 씨 가족은 영종도의 어느 아파트로 이사를 했는데, 그 단지 안에는 수강생이 적어서 반이 개설되지 않을 위험에 처한 어느 개발자의 AI 수업이 있었다. 그래서 아버지와 아들이 같이 배우게 되었다. 그리고 이 경험은 장기홍 씨가 자라나는 아이들은 어떻게 다르게 배우는지 가까이서 관찰하고 깨우치는 기회가 되기도 했다. 어른들은 "이상적인 배움이라는 게 추상적이고 논리적"인 것의 활용으로 쉽게 생각하지만 "감각 경험, 즉흥적인 것, 그리고 추론도 논리력 따지는 게 아닌" 방식을 보게 되었다. 즉, 훨씬 귀납적인 방식으로 경험칙을 쌓아가며 깨치고 배우는 청소년을 발견한 것이다. 그리고 "이것과 이것을, 막 관련이 없어 보여도 연결시켜가지고 하는 거니까, 배우는 속도는 걔들이 빨라요"라는 결론을 얻었다. 학습에 대한 고정관념을 깨는 경험이었다.

그렇다고 중등 연령의 학습자가 공부와 일만 했던 것은 아니다. 그렇다. 게임이었다. "게임은 뭐 하루에 한 세네 시간은 기본으로 했던 것 같아요. 주말에 좀 더 많이 하고." 그들이 이사한 영종도는 곳곳에 낮은 산과 들판이 많은 고양시와는 달랐다. 그런 환경이 아들의 곤충 사랑이 시들해지는 데 기여했다. 그리고 게임은 매력적인 관심 대상이었고, 부모는 그것을 수용해 주었다.

그러는 사이에 중등과 고등 검정고시를 고등 1학년 연령인 2022년에 마치고 2023년에는 이삭 씨가 고등 2학년 연령이 되었는데, 이 시기를 즈음하여 본격적으로 실력이 상승한 것으로 보인다. 자신의 미래를 스스로 의식적으로 고민할 수밖에 없는 연령이니까. 그중에서도 중요한 경험이 국비 취업과정이었다. 정식 명칭은 '서비스산업 데이터 분석가 취업캠프(Python)'인데, 이것을 이수하고 취업할 사람을 우선적으로 모집하는 국비 프로그램이었다. 즉, 프로그램 운영자들은 고등학생 연령의 학습자에게는 호의적이지 않았다. 하지만 온라인으로 하는 교육 한 군데에서 수강생이 적다는 이유로 이삭 씨에게도 기회를 주었다. 그리고 그곳에서 이삭 씨가 뜻밖에 잘하니까 선생이 가장 어린 그를 팀장을 시키기에 이른다. 말하자면, 리더십 연습의 좋은 기회가 된 것이다. 그러나 사실

이삭 씨에게는 그런 차원보다는 책임감을 더 갖는 데 도움이 되었다. "자기가 혼자 문제를 풀고 다 해결하려고 애를 좀 많이 썼는데, 그러면서 성장했던 것 같아요"라고 아버지는 그 시기를 돌아보았다.

나는 잠시 제동을 걸었다. "계단식의 성장 과정에서 벽들도 있었을 텐데 꽤 오래 잡고 이렇게 쭉 해왔네요?" 어떤 것을 했기에 그게 가능했는지 은근히 물어본 것이었다. "사실 온라인에 자료가 많잖아요. 강좌도 많고 그래서 '이런 거 한 번 해봐' 그러면 좀 웹페이지 만드는 것도 흥미로워했고, 또 게임 좋아하니까 그런 것도 (했고요)." 그렇다. 장기홍 씨의 '한 아이가 AI 전문가를 꿈꾸며 걸었던 과정'이라는 강연 제목이 기억났다. 필요하면 공부하는 방식이었던 것이다. 특히 수학이 문제였는데, 검정고시 수준의 수학 시험을 통과한 후에는 코딩과 AI 학습을 하면서 필요한 것이 나타나면 공부하고는 했다.

교육 자원으로는 『수학의 정석』에서부터 시

작해서 수많은 온라인 자료를 활용했다. 코세라 Coursera, 칸아카데미Khan Academy, 유데미Udemy 등의 수업 자료로 선형대수나 확률과 통계를 배웠다. 그렇다고 모든 것이 한 번에 술술 풀리지는 않았다. "여러 번 반복하면 되거든요. 그건 이제 우리 아들도 제가 늘 '처음 봐서 완벽하게 이해하려고 하지 마라, 어차피 그렇게 안 되는 거니까. 그럼 두 번 보고 세 번 보고' 이렇게 말을 해요. 그러니까 못한다는 생각은 안 해요." 홈스쿨러에게 있는 충분한 시간이 이런 접근을 가능하게 하는 하나의 요인일 것이다. 그러나 그보다 더 핵심적인 것은 태도가 아닐까? 한국에서 혹은 또 다른 사회의 학교에서 이런 태도를 기를 수 있을까?

이삭 씨가 근래 하는 고민은 부모 곁에 머무를 것인지 독립할 것인지다. 아직은 그가 경제력이 있는 상태는 아니고, 만 19세가 되었다고 청년의 심리적 좌충우돌이 사라지지도 않는다. 그건 어른들도 마찬가지 아닐까. "부모한테 있으면 더 좋은 게 있"다는 마음과 독립하고 싶은 마음 사이에서 늘 오간다. 뿐만이 아니다. 계속 대학을

장기홍 씨(위)와 장이삭 씨(아래)

안 갈 것인지, 지금까지의 경력을 인정해 주는 대학에 들어갈 것인지를 고민한다. 남자이기 때문에 군대는 언제 갈 것인지도 생각한다. 그러나 학습자가 주인공인 교육을 추구하는 이 가정에서는 분명 성년기 과업들도 잘 대처해 나갈 것이라는 확신이 들었다.

인터뷰를 마무리하는 과정에서 장기홍 씨가 한 말은 오히려 독자들을 걱정하는 듯했다. 그의 말은 자기주도의 교육을 추구할 때 반드시 고민해 봐야 할 지점과도 같다. "부모와 선생님 밑에서 그들의 얘기를 잘 들어야 되는 그런 처지는, 그러니까 그게 어떻게 보면 문제죠." 이런 방식은 기본적으로 수동성을 키울 수 있는 조건이라는 것이다. 아동과 청소년은 보호자를 필요로 한다. 그러나 그 보호자가 학습자의 교육에 최선일까? 물론, 자신의 학생 또는 자녀의 수동성을 키우기 위해 의식적으로 노력하는 부모와 선생은 없을 것이다. 그러나 만약에 우리의 제도와 문화가, 아니 부모와 선생이 학습자의 능동성을 해치고 있다면? 영종도를 떠나 오며, 이 질문에서 피해 갈 수 있는 어른은 없을 것 같다는 생각을 했다.

독자 여러분은 어떻게 생각하시나요?

맺음말
미래교육의 도착

이 책에서 언스쿨링과 자기주도 교육이란 용어를 많이 사용했다. 그런데 자기주도 교육이라는 말은 어찌 보면 동어반복이다. 교육이라는 현상은 학습자의 자기주도성이 애초부터 중요하다. 교육이라는 드라마에서는 학습자가 주연이고 선생은 조연이다. 학습자가 얼마나 어떻게 성장하고 발전하느냐가 모든 교육 활동의 핵심에 있다. 그 발전이 일어나기 위해 누가 어떤 환경을 조성하고 어떻게 교류했는지가 교육자와 교육학자들의 관심사인 것이다. 그러나 자기주도성이 중요한 교육을 얘기하기 위해 다른 용어가 필요한 것이 지금 우리의 현실이다.

우리는 역사적 존재로서 미래를 조망하며 현재를 살고, 과거를 바꿀 수는 없다. 과거의 유산 위에서 우리가 할 일을 정할 수 있을 따름이다. 우리 시대에는 산업사회 방식의 교육을 뛰어넘자는 요청이 많다. 다른 한편으로는 4차 산업혁명에 대한 논의가 뜨겁다. 이런 시기에 나는 이반 일리치 Ivan Illich를 기억한다. 그가 『학교 없는 사회』를 발표한 지 54년이 흘렀다. 그 책에서 일리치는 학교라는 방식으로 교육을 구성하는 산업사회의 모습을 비판했다. 더 나아가 전체 사회가 "학교 같은 방식"으로 제도화되어 있기에 인간의 진정한 자유를 위해서 탈학교deschooling해야 한다고 주장했다. 그 주장은 산업사회의 한계를 고민하는 이들에게 큰 감동을 주었고, 그의 책은 사회과학계의 고전이 되었다. 그러나 그가 교육 대안이라고 내놓은 학습자들의 연결망Learning Webs이라는 아이디어는 너무 멀게만 느껴졌다. 그것이 1971년이었다. 그로부터 50년 넘게 지난 현재, 우리는 그것을 실천할 수 있는 조건 속에서 살고 있다. 미국이나 유럽뿐만 아니라 한국에서도 가능한 것이다.

누군가는 이런 '다른 교육' 방법을 미래교육이라고 부르기도 한다. 그렇다면 이 책은 미래교육의 도착을 사람들에게 알리는 것이다. 그리고 소식만 전하는 것이 아니라 그 미래교육의 성격과 내용을 설명했다. 이 소식을 초대로 받아들일 것인가, 아니면 경고로 받아들일 것인가는 독자들의 몫이다. 새로운 교육에 함께하는 이들이 많아지길 희망한다. 각 가정에서 그리고 우리 사회에서 미래 지향적인 시도들이 늘어나길 바란다.

　책을 끝맺을 순간이다. 우리 사회에서 학교 없는 교육을 이해하기 위한 길은 아직 시작 수준이고, 그것을 조금이나마 앞으로 당기고자 이 책을 내었다. 이 책을 내는 데에도 여러 사람들의 도움이 있었다. 우선 각 부의 사이사이에 들어간 인터뷰에 응해주신 세 가족께 감사의 인사를 드린다. 또한, 원고를 읽고 피드백을 주거나 책의 출간을 독려해준 서이슬, 이익재, 박정미(사회학), 정옥경(교육학), 정진호(농업경제학) 선생께 감사의 마음을 전하고 싶다. 그리고 교육전담교수라지만 학계에 버젓이 자리를 잡고 있으면서 논문은 벌써 몇 년째 안 쓰고 있는 동료이자 후배를 견디고 있는 한양대 사회학과 교수들께 나는 음과 양으로 빚지고 있다. 감사드린다. 또한, 편집자의 세심한 코멘트와 교정 작업이 좀 더 나은 책을 만드는 데 빠질 수 없는 부분이었다. 마지막으로 이 책 전체 작업은 〈언스쿨러와 사회학자〉라는 네이버 블로그를 베이스캠프 삼아서 활동한 결과 위에 세운 것이다. 그곳에서 생각과 경험을 나눠 준 수많은 부모님들과 교육자들의 선의가 있지 않았다면 이 책은 나올 수 없었다. 이 블로그의 방문자들은 지난 6년간 내가 언스쿨링을 공부하고 연구할 수 있도록 일종의 온라인 학습 공동체로서 역할을 했다. 이 책 자체가 자기주도 교육의 결과물이다.

주

머리말

1 후자는 복지국가 담론의 일부로 논의되는 지점이다. 어느 한 연구를 특정하여 인용하기 어려울 정도로 많은 문제의식과 연구가 담긴 부분이다. 전자는 최근 『서울대 10개 만들기』와 같은 제안으로 재탄생하기도 한 아이디어이다. 다음의 책을 참고할 수 있다. 정진상, 『국립대 통합네트워크-입시 지옥과 학벌 사회를 넘어』, 책세상, 2004.

2 Gray, Peter, Self-Directed Education: Unschooling and Democratic Schooling, *Oxford Research Encyclopedia of Education*, 2017.

1부 자기주도 교육이 왜 필요한가

1 마이클 세스, 유성상·김우영 역, 『한국교육은 왜 바뀌지 않는가?』, 학지사, 2020.

2 김경희, 『미래의 교육』, 예문아카이브, 2019.
3 그러한 고통을 가장 민감하게 느끼는 아이들에 대한 상세한 보고로는 다음을 참고할 수 있다. 김선영, 『학교가 지옥인 아이들』, 생각의빛, 2021.
4 김채현, "초중고생 4명 중 1명, '성적 스트레스' 극단 선택 생각", 〈서울신문〉, 2022.07.07.
5 오늘의 교육 편집위원회 엮음, 『교육 불가능의 시대』, 교육공동체벗, 2011.
6 앨빈 토플러, 윤종혁 역, 『미래의 충격』, 한마음사, 1981.
7 윤철경·성윤숙·최홍일·유성렬·김강호, 『학교 밖 청소년 이행경로에 따른 맞춤형 대책 연구 II』, 한국청소년정책연구원, 2017.
8 예를 들어 다음과 같은 책이 있다.
   김기수·오재길·변영임, 『1980년대생, 학부모가 되다』, 학이시습, 2021.
9 박은숙, 「한국 홈스쿨링의 실제와 교육적 의의」, 동아대학교 석사학위논문, 2017.
10 피터 그레이, 황기우 역, 『언스쿨링』, 박영스토리, 2015.
11 켄 로빈슨, 정미나 역, 『아이의 미래를 바꾸는 학교혁명』, 21세기북스, 2015, 128-129쪽.
12 Dehaene, Stanislas, *How We Learn: Why Brains Learn Better Than Any Machine for Now*, Viking, 2020, p.211.

2부 자기주도 교육이란 무엇인가

1   서덕희, 『홈스쿨링을 만나다』 2판, 교육과학사, 2018, 10-11쪽. 조용환의 글은 추천사로 들어간 것이다.
2   Dehaene, Stanislas, *How We Learn: Why Brains Learn Better Than Any Machine for Now*, Viking, 2020, p.210.
3   김지현, 『준규네 홈스쿨』, 진서원, 2019, 95쪽.
4   Gardner, Howard, *Frames of Mind: The Theory of Multiple Intelligences*, Basic Books, 2010.
5   Illich, Ivan, *Deschooling Society*, Harper & Row, 1971.
6   피터 그레이, 황기우 역, 『언스쿨링』, 박영스토리, 2015.
7   아직 국문으로 번역되지 않은 다음의 연구서가 있다. Riley, Gina, *Unschooling: Exploring Learning Beyond the Classroom*, Palgrave Macmillan, 2020.
8   위의 책. 또한, 존 홀트의 책은 다음과 같다. John Holt, *How Children Learn*, Da Capo Press, 1983.
9   예를 들어, 다음과 같은 연구 결과들을 참고할 수 있다. Cogan, Michael, "Exploring Academic Outcomes of Homeschooled Students.", *The Journal of College Admission*, 208, 2010, pp.18-25; Ray, Brian D, "A Systemic Review of the Empirical Research on Selected Aspects of Homeschooling as School Choice." *Journal of School Choice*, 11, 2017,

pp.604-621.

10 다음의 두 논문이다. Medlin, Richard G, "Home Schooling and the Question of Socialization", *Peabody Journal of Education* 75:(1&2), 2000, pp.107-123; Medlin, Richard G, "Homeschooling and the Question of Socialization Revisited." *Peabody Journal of Education* 88(3), 2013, pp.284-297.

11 원문은 다음과 같다. "Homeschooled children are taking part in the daily routines of their communities. They are certainly not isolated, in fact, they associate with—and feel close to—all sorts of people. Homeschooling parents … actively encourage their children to take advantage of social opportunities outside the family. Homeschooled children are acquiring the rules of behavior and systems of beliefs and attitudes they need. They have good self-esteem and are likely to display fewer behavior problems than other children. They may be more socially mature and have better leadership skills than other children as well. And they appear to be functioning effectively as members of adult society."

12 다음의 두 논문이다. Gray, Peter, and Gina Riley, "Grown Unschoolers' Evaluations of Their Unschooling Experiences: Report I on a Survey of 75 Unschooled Adults.", *Other Education: The*

Journal of Educational Alternatives 4(2), 2015, pp.8-32; Gray, Peter, and Gina Riley, "Grown Unschoolers' Experiences with Higher Education and Employment: Report II on a Survey of 75 Unschooled Adults.", *Other Education: The Journal of Educational Alternatives* 4(2), 2015, pp.33-53.

13 다음의 논문이다. Gray, Peter, and Jay Feldman, "Playing in the Zone of Proximal Development: Qualities of Self-Directed Age Mixing between Adolescents and Young Children at a Democratic School.", *American Journal of Education* 110, 2004, pp.108-145.

14 다음의 책이다. Schonfeld-Karan, Khara, *Parental Experiences of Unschooling: Navigating Curriculum as Learning-Through-Living*, Routledge, 2023.

15 김희동 외, 『대안교육 20년을 말하다』, 민들레, 2020.

16 마이클 세스, 유성상·김우영 역, 『한국교육은 왜 바뀌지 않는가?』, 학지사, 2020.

17 김현숙·정희영, 「국내 홈스쿨링 관련 연구 동향분석」, 『신앙과 학문』 25(1), 2020, 5-35쪽.

18 서덕희, 『홈스쿨링을 만나다』 2판, 교육과학사, 2018.

19 김희동 외, 『대안교육 20년을 말하다』, 민들레, 2020.

20 스타니슬라스 드앤, 엄성수 역, 『우리의 뇌는 어떻게 배우는가』, 로크미디어, 2021.

21 Vanacker, Andrea, "How to Unleash Your Creative Genius at Work.", *Forbes*, 2022.

22 Gray, Peter, "When Less is More: the Case for Teaching Less Math in School", *Psychology Today*, 2010.

3부 자기주도 교육은 어떻게 하는가

1 Jessie Wise and Susan Wise Bauer, *The Well-Trained Mind*, 4th edition, Norton, 2016.
2 한국교육연구네트워크, 『마을교육공동체운동: 세계적 동향과 전망』, 살림터, 2019.
3 이 아이디어를 다음의 책에서 상세히 살펴볼 수 있다. 손우정, 『배움의 공동체』, 해냄, 2012.

학교 없는 교육

초판 1쇄 발행 2025년 6월 26일

지은이 박순석
펴낸이 권경옥
펴낸곳 해피북미디어
등록 2009년 9월 25일 제2017-000001호
주소 부산광역시 동래구 우장춘로68번길 22
전화 051-555-9684 | 팩스 051-507-7543
전자우편 bookskko@gmail.com

ISBN 979-11-990656-9-7 03370

* 책값은 뒤표지에 있습니다.
* 잘못된 책은 구입하신 곳에서 교환해드립니다.